Alfons Deeken

Alt sein ist lernbar

Alfons Deeken

Alt sein ist lernbar

Anleitung und Hilfe

Verlag Butzon & Bercker Kevelaer

Mitglied der »verlagsgruppe engagement«

Diese Neuausgabe basiert auf der deutschen Übersetzung des amerikanischen Originalwerkes „Growing old, and how to cope with it“ (© by Alfons Deeken) durch Karl Schmitz-Moormann.
Autor und Verlag danken Herrn Walter Cremer für seine Mithilfe bei der Neuausgabe.

CIP-Titelaufnahme der Deutschen Bibliothek

Deeken, Alfons:
Alt sein ist lernbar: Anleitung und Hilfe / Alfons Deeken. – Neuausg. – Kevelaer: Butzon u. Bercker, 1990
ISBN 3-7666-9652-1

ISBN 3-7666-9652-1

Neuausgabe

Umschlaggestaltung: Meussen/Künert, Essen.
Herstellung: Bercker Graphischer Betrieb GmbH, Kevelaer.

Inhaltsverzeichnis

Über das Altwerden

Sich mit dem Alter auseinandersetzen

Alter als Aufgabe und Erfüllung

Über das Altwerden

Das Problem des Alterns

Während mehrerer Jahre, die ich in Japan verlebte, beeindruckte mich immer wieder ein hervorstechender Charakterzug der Japaner: ihre tiefe Hochachtung vor der Tradition und vor den Alten. Wenn man eine japanische Wohnung betritt, sieht man häufig im Wohnzimmer der Familie einen Schrein, vor dem den Vorfahren Reverenz erwiesen wird. Obwohl sich viele Verhaltensweisen rasch ändern, bin ich davon überzeugt, daß die tiefen Verbeugungen der Kinder vor ihren Eltern und Großeltern anzeigen, daß der konfuzianische Sinn für Hierarchie nicht von dem Prozeß der Überflutung durch den westlichen Geist hinweggeschwemmt worden ist. Das Ansehen und der geachtete Status der Älteren hat in Japan eine lange Tradition. Einer ihrer neukonfuzianischen Gelehrten sagt es wie folgt: „Kindliche Hochachtung unterscheidet den Menschen von Vögeln und Tieren.“ In Amerika und Europa dagegen gibt es kein gängiges Schlagwort wie: „Old is beautiful“ – „Alt ist schön.“ Hier zeigt sich das Problem des Altwerdens mit größerer Dringlichkeit als je zuvor in unserer Geschichte. Wie die Statistiken erkennen lassen, leben die Menschen heute länger, und bei einer abnehmenden Geburtenrate nimmt der Prozentsatz der Älteren an der Gesamtbevölkerung ständig weiter zu. 1850 war nur 2,5% der amerika-

nischen Bevölkerung über 65 Jahre alt. Heute haben 11,7% oder 27,4 Millionen Amerikaner dieses Alter. Es wird geschätzt, daß im Jahr 2000 mindestens 35 Millionen Amerikaner über 65 Jahre alt sein werden. In Mitteleuropa bestehen ähnliche Verhältnisse: Zu Beginn des nächsten Jahrtausends wird 30%–40% der Bevölkerung in der Bundesrepublik Deutschland 60 Jahre und älter sein.
Erst in den letzten Jahren werden in der Öffentlichkeit auch die Probleme der älteren Leute diskutiert. Ich denke dabei nicht nur an die Frage der Unterbringung, der Ernährung und Gesundheit. Wohlfahrt, Sozialversicherung und Krankenversicherungsprogramme sind gut und wichtig, doch sie sind kein Allheilmittel für die Probleme, die uns in diesem Buch am meisten interessieren.
Die traditionelle chinesische und japanische Kultur hat die Beziehung des Individuums zur Gemeinschaft nachdrücklich betont. Die Zivilisationen des Westens haben sich seit der Renaissance in wachsendem Maße für die Werte der Unabhängigkeit und Autonomie des Individuums eingesetzt. Die gleich wichtigen Werte des Zusammenlebens, der Solidarität und der Gemeinschaft wurden weithin vernachlässigt. Heute erkennen wir die Einseitigkeit einer solchen Entscheidung. Die jungen Menschen haben die Lektion der Unabhängigkeit außerordentlich gut gelernt, doch der Abgrund zwischen ihnen und ihren Eltern klafft immer weiter auseinander. Der Mensch im Westen wird sich immer eindringlicher des gewaltigen Preises bewußt, den er für Individualismus und Unabhängigkeit zu zahlen hat: Isolation und Einsamkeit.

Die Vereinzelung und Bindungslosigkeit wächst, was auch an der steigenden Zahl der sogenannten „Singles" in unserer Gesellschaft ablesbar ist. Unsere Gesellschaft, gemeinhin als „Leistungsgesellschaft" mißverstanden, setzt auf Konkurrenz untereinander. Der Maßstab ist das „Mehr" geworden: mehr an Geld, an Besitztum, an Gesundheit, an Jugendlichkeit (die jungen Alten sind heute „in"!), an persönlichem Vorteil. Es ist offensichtlich, daß bei dieser primär materialistischen Weltsicht die Seele verkümmert, Kontakte oberflächlich bleiben und der Mensch in die Vereinzelung gerät. Wenn dann im Alter die Betäubung durch das „Mehr" nicht mehr möglich ist, wenn man im Konkurrenzkampf nicht mehr mithalten kann, wird die Isolation bedrohlich. Es sind die älteren Leute, die die schwerste Last zu tragen haben. Von ihnen sagt F. E. Crowe, sie seien „vielleicht die einsamste Generation, die jemals die Erde bewohnt hat".

Simone de Beauvoir entwirft in ihrer monumentalen Untersuchung *Das Alter* ein düsteres Bild von der Einstellung der westlichen Zivilisation ihren Alten gegenüber: Alte Menschen werden oft nicht wie menschliche Wesen behandelt. Die Jüngeren machen sich über sie lustig, nutzen sie aus und entwürdigen sie. In unserer westlichen Gesellschaft ist Altsein etwas, dessen man sich heimlich schämt, was verlegen macht, über das man nicht spricht. Simone de Beauvoir möchte mit diesem Buch die Verschwörung des Schweigens durchbrechen, von den Dächern herabrufen, daß die Art, in der wir unsere Alten behandeln, kriminell ist. In Frankreich, so berichtet sie, werden ältere Leute

häufig von ihren Kindern während der Ferien in Heimen oder Krankenhäusern untergebracht, und nach dem Sommer „vergessen" die Kinder, sie zurückzuholen.
Die wohlhabenden Völker des Westens neigen dazu, alte Menschen nur als Konsumenten ihrer stetig wachsenden Altenversorgungs-Industrie zu „behandeln". Es werden Altenteildörfer und Altersheime für diejenigen geschaffen, die sich das leisten können. Doch wer alt und arm ist, vegetiert in manchen europäischen Ländern unter völlig unzureichender Pflege dahin. Die Personalknappheit und geringe Bezahlung der Pflegekräfte und die ansteigende Zahl von pflegebedürftigen und gerontopsychiatrisch veränderten Menschen führen mancherorts zu Extremsituationen, die spektakulär von den Medien ausgeschlachtet werden. Kurzlebige Sensationsgeschichten ändern jedoch das gesellschaftliche Bewußtsein nicht.
Das Buch von Simone de Beauvoir, das weltweit zu einem Bestseller wurde, schließt mit einem Ruf nach radikaler Umgestaltung, nach einer grundlegenden Reform der Gesellschaft. Der einzige Weg, einem derartigen Zustand abzuhelfen, liegt in einer Veränderung des Systems. Unsere Grundeinstellung der Gesellschaft, der Wirtschaft, dem Wertsystem und dem Leben gegenüber muß sich ändern.
Simone de Beauvoir hat die Ruhe und Selbstgefälligkeit gestört, mit der die zeitgenössische Gesellschaft das Alter behandelt. Sie hat das Gewissen des Westens geweckt, uns aufgerufen, unser Verhalten neu zu bedenken und zu reformieren. Um

die wissenschaftliche Grundlage für die notwendigen strukturellen Reformen bereitzustellen, müssen eine ganze Reihe interdisziplinärer Untersuchungen angestellt werden.
Aber neben der Frage der sozialen Strukturen, der Haltung der Gesellschaft und der wirtschaftlichen Reform besteht noch ein wichtiges psychologisches Problem. Es gibt nur noch wenige Tabus in unserem Zeitalter der immer größer werdenden Freiheit und Nachsichtigkeit; und doch haben wir das seltsame Faktum, daß man viele Menschen nicht nach ihrem Geburtsdatum fragen darf.
Die alten Menschen müssen eine Einstellung finden, die ihnen hilft, das Alter zu meistern.
In diesem Buch möchte ich deutlich machen, daß Altsein keine Behinderung ist, sondern eine großartige Gelegenheit menschlichen Wachsens, menschlicher Erfüllung und tiefen Glücks. Dieses Buch bietet älteren Menschen praktische, psychologische und religiöse Hilfen, ein fruchtbares und erfülltes Leben zu finden. Auch Menschen, die noch in der Blüte des Lebens stehen, werden Anregungen finden, um sich auf die wichtige Zeit des späteren Lebens vorzubereiten und zu erkennen, daß „alt sein schön ist" – „Old is beautiful".

Der Prozeß des Alterns

Altern stellt eine der schwierigsten Aufgaben in der menschlichen Entwicklung dar. Die menschliche Natur scheint sich gegen die Entthronung aufzulehnen, die sich im Prozeß des Altwerdens vollzieht. Viele Menschen setzen sich nie wirklich mit dieser großen Krise auseinander. Eine Zeitlang kämpfen sie gegen die unvermeidliche Tatsache an, doch nach und nach gelangen sie in einen Zustand verbitterter Resignation. Sie geben allen Ehrgeiz auf, werden müde und verlieren ihre Vitalität. Eine große Gelegenheit menschlichen Wachsens und menschlicher Entwicklung wird so vergeben: im Prozeß des Alterns immer mehr sich selbst zu finden, an Ausstrahlungskraft zu gewinnen und das Leben abzurunden.

Wir sind alle mit den verschiedenen Altersstufen der Kindheit, der Jugend und des jungen Erwachsenen vertraut. Wir wissen auch, wie wichtig und schwierig es ist, den richtigen Übergang von der Kindheit zum Jugendlichen und dann zum jungen Erwachsenen zu vollziehen. Die mit diesen Umwandlungen verbundenen Krisen stehen uns täglich lebhaft vor Augen.

Es ist uns weit weniger bewußt, daß auch der Übergang vom tätigen mittleren Alter zum Alter eine gleich schwere Krise mit sich bringt. Man hört nicht allzuviel darüber, weil die meisten Leute weder sich selbst noch anderen gegenüber zugeben wollen, daß sie alt werden. Wir leben in einem Land, das durch eine Jugendkultur charakterisiert ist; so fühlt sich jeder verpflichtet, jung zu bleiben oder zumindest den äußeren Eindruck zu erwekken, noch jung zu sein. Doch diese massive Selbsttäuschung ändert nichts an der Tatsache, daß jeder Mensch nach und nach älter wird und schließlich der Krise des Alters ins Gesicht sehen muß. Der alternde Mann und die alternde Frau erfahren in dieser Krise des persönlichen Übergangs ins Alter von der Gesellschaft wenig Verständnis und Unterstützung.

Man kann der Wirklichkeit nicht entrinnen: Jeder von uns, wenn er nicht durch einen vorzeitigen Tod daran gehindert wird, wird sich früher oder später darüber klarwerden, daß die Blüte dahinwelkt. Er wird sich bewußt, daß die physische Gegenwart nicht mehr dieselbe Anziehungskraft ausübt. Bestimmte physische Unpäßlichkeiten werden sich bemerkbar machen: Störungen im Konzentrationsvermögen, kürzerer und leichterer Schlaf, Rheumatismus und quälender Kopfschmerz. Der Morgen verliert seinen Reiz der Frische, der Mittag ist monoton, und die langen Abende und Nächte werden in Einsamkeit verbracht.

Eine Frau, die ihren Lebenssinn in äußerer Schönheit und gesellschaftlichem Erfolg gesehen hat, wird im Alter häufig einer Leere ausgesetzt sein, die sie launisch, reizbar und unruhig macht. Die berufstätige Frau wird zudem erfahren, daß ihre Leistungsfähigkeit abnimmt. Viele Frauen leben stolz die Rolle der entsagungsvollen Mutter. Sie haben Beruf, Weiterbildung und Ausbildung für das Wohl der Kinder geopfert und fühlen sich einsam, wenn die Kinder den Familienkreis verlassen. Häufig stellen die Ehepartner in diesem Lebensabschnitt fest, daß sie sich nichts mehr zu sagen haben. Es ist eine bemerkenswerte Tatsache, daß Scheidungen „alter" Ehepartner ständig zunehmen.

Auch für einen Mann um die 50 wird plötzlich alles fraglich: Berufsleben, Beziehungen zu den Mitmenschen, Geschlechtsleben ... Die Kinder sind herangewachsen und haben den Familienkreis verlassen; die berufliche Leistungsfähigkeit nimmt ab, die schöpferischen Kräfte lassen nach. Er ist verstört über das, was mit ihm geschieht. Eine Zeitlang ist er stolz auf die heranwachsende neue Generation gewesen und hat sich über ihre Anfangserfolge gefreut. Doch in dem Maße, wie die Jüngeren Schritt um Schritt die Führung in der Welt übernehmen, beginnt er zu fühlen, wie sich ein stechendes Mißtrauen in seine bis dahin wohlwollende Haltung einschleicht. Innerlich wird diese Erschütterung noch tiefer gefühlt: „Das Leben geht weiter! Ist es möglich, daß ich eines Tages nicht länger gebraucht werde?" Wer auf dem Thron des Lebens sitzt, wird nicht leicht nach- oder aufgeben. Und doch schleicht sich für den einzelnen unaufhörlich der Gedanke ein, daß er vom Leben abfallen könnte wie ein Blatt vom Baum.

Die persönliche Individualität im Prozeß des Alterns

Eine der wichtigsten Entdeckungen der jungen Gerontologie besagt, daß jeder Mensch in Wirklichkeit gleichzeitig vier verschiedene Alter lebt: das *chronologische* Alter, das durch die Zahl der Jahre bestimmt ist, die er gelebt hat; das *biologische* Alter, das von der Kondition und dem Zustand seines Körpers bestimmt ist; das *soziologische* Alter, das von seinen gelebten Rollen und seiner Verflechtung in sozialen Bezugssystemen bestimmt ist;

und schließlich das *psychologische* Alter, das sich danach messen läßt, wie alt jemand sich fühlt und wie er handelt.

Es ist für den alternden Menschen von großer Bedeutung, eine engstirnige, fatalistische Sicht zu vermeiden, die das chronologische Alter zur Norm seines Fühlens und Handelns macht. Einige Leute altern biologisch schnell gerade eben, weil sie sich alt *fühlen.* Auf der anderen Seite sind wir 80jährigen begegnet, die sich im Herzen jünger fühlen als viele Leute, die nur halb so alt sind.

Viele von uns kennen Leute mit einem Handicap – diese können zumindest teilweise als biologisch alt angesehen werden –, die großartige Leistungen vollbracht haben, die normalerweise die Fähigkeit eines Menschen in voller physischer Gesundheit erfordern, d.h. eines Menschen, der biologisch jung ist. John Milton, vielleicht der größte englische Dichter nächst Shakespeare, schrieb unendlich viele Seiten großartigster Dichtung während der letzten 20 Jahre seines Lebens – als er völlig erblindet war! Und Ludwig van Beethoven, der weithin als der größte Komponist der Geschichte angesehen wird, leistete noch Unglaublicheres: Er komponierte weiter bis zum Ende seines Lebens, obwohl er während der letzten 15 Jahre völlig taub war! Man denke an die Staunen erregenden Kunstwerke (z.B. Miltons *Das verlorene Paradies* oder Beethovens *Neunte Symphonie*), die der Menschheit fehlen würden, hätten sich diese Männer von ihrem physischen Leiden ihr psychologisches Alter vorschreiben lassen.

Sich mit dem Alter auseinandersetzen

Verweigerung des Alters

Die Phase des Altwerdens ist ein Lebensabschnitt voller Fallen. Hier soll auf einige mögliche Gefahren hingewiesen werden.
Viele Menschen lehnen einfach die Tatsache ab, daß sie alt werden. Sie klammern sich an die Jugend wie eine Raupe, die sich weigert, ein Schmetterling zu werden, der sich selbst in die neue Freiheit des Fliegens aufschwingt. Sie versuchen ganz bewußt, weit jünger zu erscheinen, als sie sind – nicht zuletzt durch Zuhilfenahme eines Massenmarktes kosmetischer Artikel. Vielen Frauen und Männern gelingt es nicht, zu erkennen, daß jede Altersstufe ihre eigenen besonderen Schönheiten besitzt.

Ressentiment und Neid gegen die Jüngeren

Eine weitere Gefahr in der Zeit des Alterns ist in der westlichen Zivilisation eine Haltung des Neides und des Ressentiments gegenüber der jüngeren Generation, die mitten im Leben steht. Im vorkommunistischen China und Japan wurde das Alter hochgeehrt und geachtet. In unserer westlichen Zi-

vilisation dagegen gibt es heute nur wenig von solcher Achtung vor der Erfahrung des Alters. Darüber hinaus erfüllen die Erziehung und die Massenmedien in wachsendem Maße die Funktion der Beratung und Belehrung, die früher einmal das Vorrecht der Alten und Erfahrenen war. Technischer Fortschritt und gesellschaftlicher Wandel vollziehen sich heute so rasch, daß die Alten mit den Jüngeren nicht mehr Schritt halten können.
Dort, wo die ältere Generation wertvolle Hilfe leisten *könnte,* nämlich in den Bereichen, die Weisheit verlangen, die nur aus der Erfahrung kommt, fehlt ihnen häufig das notwendige Selbstvertrauen für diese Aufgabe. So wird die Kluft zwischen den Generationen immer größer. Die Jungen spüren nicht, daß sie die älteren Menschen brauchen, und diese empfinden sogar häufig eine bösartige Freude über gewisse Fehlschläge der jüngeren Generation.
Tatsächlich braucht es eine ganze Menge Mut und Großmütigkeit, ohne Neid und Ärger zuzusehen, wie sich junge Menschen auf dem Gipfel ihres Lebens erfreuen. Nur indem man frei und innerlich aufgibt, was einem früheren Lebensalter gemäß ist, vermag man diesen Prozeß des Alterns ohne Furcht und Unzufriedenheit anzugehen.

Leben in der Vergangenheit

In diesen Jahren genießen es viele Frauen und Männer zu träumen. Es ist eine der großen Versuchungen des Alters, einer unfreundlichen Gegenwart und einer verheißungslosen Zukunft in die angenehmen Erinnerungen der Vergangenheit zu entfliehen. Zum Zeitpunkt des Eintritts in den Ruhestand überfällt es viele Menschen wie ein gewaltiger Schock, daß die Aufmerksamkeit und Achtung, die ihnen die Gesellschaft und die Familie zollte, plötzlich eingeschränkt erscheinen. Das Ergebnis ist häufig ein Verlust an Selbstachtung und ein Gefühl der Bitterkeit über den Mangel an Anerkennung und Dankbarkeit.

Vielen Ruheständlern erscheint die Welt der Gegenwart plötzlich ganz anders, unfreundlich, rauh, vielleicht sogar distanziert und feindlich. Es hat den Anschein, daß sie nicht mehr dazugehören. Ihre erste Reaktion geht dahin, sich in sich selbst zurückzuziehen und sich ganz der Vergangenheit zuzuwenden.

Viele alternde Leute zeigen eine Vorliebe für ihre Zeit der Kindheit und Jugend. Nach und nach taucht so in ihrer Vorstellung und bald auch in ihren Gesprächen eine idealisierte Version ihres vergangenen Lebens auf. „Als ich jung war, haben wir uns nicht so benommen ... Damals waren die Leute wirklich freundlich ...".

Da die Gesellschaft ihnen weniger Aufmerksamkeit schenkt und ihre Selbstachtung ins Rutschen kommt, sind viele alternde Frauen und Männer versucht, ihr eigenes Bild der Vergangenheit durch die Übertreibung ihrer Leistungen und die Verherrlichung ihrer vergangenen Größe und Wichtigkeit aufzubauschen. Die Werke der Literatur sind voll solcher pathetischer Charaktere, die verzweifelt versuchen, sich selbst und jeden, der ihnen zuhören will, zu überzeugen, daß ihre Vergangenheit weit großartiger war, als sie in Wirklichkeit gewesen ist.

Wir wollen uns einige Charaktere aus Dramen der jüngsten Zeit ansehen. Zweifellos werden viele von uns sich mehr oder weniger wiedererkennen.

James Tyrone, der alternde Vater in Eugene O'Neills Meisterstück *Eines langen Tages Reise in die Nacht,* und seine rauschgiftsüchtige Frau Mary sind das Beispiel eines Ehepaares, das dem Altern gegenüber eine Fluchthaltung einnimmt und sich der Vergangenheit gegenüber der Selbsttäuschung hingibt. In diesem autobiographischen Spiel porträtiert O'Neill seinen Schauspieler-Vater, der eine einzige romantische Rolle, die des Grafen von Monte Christo, viele Jahre hindurch zu spielen pflegte, ohne sein schauspielerisches Potential weiterzuentwickeln. Aus krankhaftem Geiz vertraute er einmal seine kranke Frau einem Quacksalber an, der ihr eine Überdosis Morphium gab. Seitdem ist Mary rauschgiftsüchtig, kann der grausamen Wirklichkeit ihrer dahinschwindenden Jahre nicht ins Auge sehen und versucht, in die unwirkliche Welt ihrer Drogen zu entrinnen. In einer ergreifenden Szene erinnert sie sich an ihre Jugend, und während sie ihr Brautkleid über den Arm trägt, versucht sie, die Vergangenheit wiederzugewinnen, als sie sich zum ersten Male in James Tyrone verliebte „und eine Zeitlang so glücklich war". James, der alternde Schauspieler, kann nicht der Wahrheit seiner Schwäche, Unsicherheit und Erbärmlichkeit ins Auge sehen. Von dem Gefühl des unentrinnbaren Niedergangs besessen, versucht er die Düsternis seines Abstiegs zu vergessen, indem er beim Alkohol Zuflucht sucht. Beide Tyrones müssen also Masken tragen und schaffen eine unwirkliche Vergangenheit, die weniger rauh erscheint als die unerträgliche Angst der Gegenwart. Die schmerzliche Katharsis, die schmerzliche Reinigung, verlangt von ihnen das Wegreißen ihrer Masken und die ehrliche Begegnung mit ihrer wahren Persönlichkeit, mit all den Flecken und Fehlern ihrer Vergangenheit.

Ein anderes packendes Beispiel ist Amanda Wingfield, die fünfundvierzig Jahre alte Mutter in Tennessee Williams' Spiel *Die Glasmenagerie.* Auch sie ist ein Mensch, der in der Vergangenheit lebt, in diesem Falle in den Erinnerungen des gesellschaftlichen Erfolgs, als sie eine Schöne des Südens war. Unfähig, ihre gegenwärtige Trostlosigkeit und Leere zu ertragen, flieht sie in die Erinnerung. Sie romantisiert die guten alten Tage, als sie auf einer großen Pflanzung im Süden aufwuchs. Sie prahlt damit, daß an einem Sonntagnachmittag „siebzehn Gentlemen" bei ihr vorsprachen. Verletzlich und zerbrechlich wie die Glastiere ihrer verkrüppelten Tochter, ist Amanda in dem Netz ihrer Erinnerungen, Enttäuschungen und Ängste gefangen. Ihr Ehemann, ein Telefonarbeiter, hat sie verlassen, weil ihn Abenteuerlust und Fernweh fortzogen. Die scheue und verkrüppelte Tochter Laura versucht in der imaginären Welt ihrer Glastiersammlung Zuflucht zu suchen. Amanda, die Mutter, lebt in einer kaum wirklicheren Welt als ihre Tochter. Tatsächlich scheint ihren Erinnerungen noch weniger Wirklichkeit zuzukommen als dem

zerbrechlichen Glas, und Amanda, die das dunkel wahrnimmt, klammert sich um so verzweifelter an sie.
Der englische Schriftsteller Terence Rattigan hat in *An Einzeltischen* eine literarische Gestalt geschaffen, die ein Verhalten zeigt, das Psychologen häufig bei Bewohnern von Altersheimen finden – das Vortäuschen eines höheren beruflichen oder sozialen Standes als den, den sie in Wirklichkeit hatten. Major Pollock, ein pensionierter Offizier, der versucht, selbstsicher zu erscheinen, und gerne immer wieder die militärischen Großtaten seiner Karriere erzählt, wird Schritt um Schritt seiner glorreichen Vergangenheit entblößt. Er ist ein pathetischer alter Betrüger, der niemals den militärischen Rang erreicht hat, den er für sich in Anspruch nimmt. Tatsächlich war er noch nicht einmal in den Schlachten, die er mit so großer Tapferkeit gekämpft zu haben behauptet.
Ein alternder Mensch muß natürlich nicht alle Erinnerungen an seine Jugend aus seinem Gedächtnis verbannen. Er kann durchaus Trost und Freude aus solchen Reisen in die Vergangenheit gewinnen, und man sollte auch einen gesunden Stolz auf das im Leben Geleistete nähren. Doch sollte er sich vor der großen Versuchung hüten, sein vergangenes Leben zu idealisieren und zu glorifizieren. Und noch wichtiger ist, er darf nicht der Versuchung nachgeben, den Forderungen der Gegenwart zu entrinnen, indem er fast ganz in der Vergangenheit lebt.

Altersegoismus

Noch vor einer vierten großen Gefahr muß sich der alternde Mensch hüten: Egoismus. Er zeigt sich oft in einer Art von Materialismus. Greifbare Dinge werden überaus wichtig: Essen und Trinken, das Bankkonto, der bequeme Lehnstuhl. Eine senile Launenhaftigkeit und Selbstsucht zeigen sich in Machtstreben, im Herrschaftsverlangen, in dem Versuch, die eigene Familie und die nächste Umgebung zu tyrannisieren. Alternde Männer und Frauen fühlen, daß ihre Kraft mit jedem Tag abnimmt. Daraus ergibt sich die Gefahr, daß es zu einer Überkompensation durch einen tyrannischen Egoismus, durch Hartherzigkeit und grenzenlose Selbstgerechtigkeit kommt. Sie klammern sich an alles, an das sie noch herankommen können, und sehen nicht, daß das Leben und alles andere langsam, aber unausweichlich fortgleitet. Scrooge, der alte Geizhals in Charles Dickens' *Ein Weihnachtslied in Prosa,* ist das klassische literarische Porträt eines solchen Altersegoismus.

Wenn wir von Altersegoisten sprechen, meinen wir nicht nur jene restlos unsympathischen Menschen, die sich an der Grenze der Senilität in Parodien ihres schlimmsten Selbst verwandeln. Oft kann ein hochgeachteter Mensch, der es aus eigener Kraft zu etwas gebracht hat, im Alter unerträglich selbstgerecht werden und einen halsstarrigen Egoismus zeigen. Er hat im Leben viel geleistet und wird nun im Alter zum kleinen Familientyrannen. Er hat sich aus dem Nichts emporgearbeitet, jeden Pfennig für Frau und Kinder geopfert, und

verbringt seine letzten Tage damit, launisch über seine Familie zu herrschen, ihnen zum x-ten Male zu erzählen, was für ein großer Mann er einmal war, wieviel er für sie getan hat und wie wenig Dank er dafür erhalten hat und erhält.
Robert Anderson hat einen solchen Typ meisterhaft in seinem Film und Schauspiel *I Never Sang for My Father* porträtiert. Tom Garrison, der achtzigjährige Vater in dem Spiel, hat sein ganzes Leben lang hart gearbeitet. Er begann als Zeitungsjunge, arbeitete sich hoch bis zur Spitze und zog sich mit einem jährlichen Gehalt von $ 50000 zurück. Im Leben war er erfolgreich, doch ließ er es zu, daß sich in diesem Prozeß sein Ich zu einem Machtanspruch aufblähte, der seinem vierzig Jahre alten Sohn keine persönliche Entfaltung gestattet, alle Eigenständigkeit in ihm auslöscht und ihm nur erlaubt, zu sein, was sein Vater als geeignet befindet. Der alte Mann erfährt nie die geringste Versuchung des Zweifels im Glauben an seine grenzenlose Selbstgerechtigkeit. Es ist keine wirkliche Kommunikation mehr mit ihm möglich. Der alte Mann weiß, daß er im Leben erfolgreich war. Diese Tatsache scheint ihm – zumindest in seiner eigenen Sicht – grenzenlose Rechte zu geben, zu richten, zu entscheiden und das Leben und Schicksal seines Sohnes zu kontrollieren.

Altersfatalismus

Viele Frauen und Männer fühlen sich dem biologischen und sozialen Altersprozeß derart ausgeliefert, daß sie keine andere Möglichkeit sehen, als sich fatalistisch in die Gegebenheiten zu fügen. (Eine falsch verstandene Religiosität kann diese Verhaltensweise noch verstärken.) Dabei suchen sie einem überkommenen Rollenbild vom Leben im Alter zu entsprechen: die freundliche, doch passive alte Frau, die „Oma fürs Grobe", der willig-apathische alte Mann, der den Garten vorschriftsmäßig in Ordnung hält. Menschen, die sich einem solchen Rollenbild fügen und sich um jeden Preis diesen Normen anzupassen suchen, geben ihren Lebenswillen und ihre Individualität auf. Soziale und emotionale Wünsche werden unterdrückt, Eigenständigkeit und Selbstverwirklichung nicht zugelassen: die Zukunft ist monoton und leer.

Wie ich mich verlernte

Sobald ich sprechen lernte,
lernte ich,
das zu verschweigen,
was mich am meisten bewegte,
was mich am tiefsten aussprach.
Und lernte bald sagen,
was ich nicht fühlte.
Und fühlte so oft,
was ich nicht sagte.
Je mehr ich sprechen lernte,

so zu sprechen wie die anderen,
desto mehr verlernte ich mich.
Und je mehr ich mich verlernte,
desto besser hatte ich es,
desto besser verstanden mich die anderen.

Werner Sprenger

Schleichwege zum Ich. Meditationsgedichte,
Nie-nie-sagen-Verlag, Konstanz 1986, S. 15

Innere Sprachlosigkeit wird bei einem zunehmenden Anpassungsprozeß zur seelischen Totenstille. „Desto besser hatte ich es“ ist eine erschütternde Aussage über das Mißverhältnis zwischen Haben und Sein.
Wie Gabriel Marcel aus philosophischer und Erich Fromm aus psychologischer Sicht dargelegt haben, betont die heutige Zivilisation so einseitig die Kategorie des Habens, daß der Mensch in Gefahr ist, vor lauter Habenwollen sein eigenes Sein als individuelle Person zu verlieren. Gerade für den in seinem Selbstwertbewußtsein unsicher gewordenen alten Menschen ist die Versuchung groß, für den Preis des sozialen Angenommenseins, des „einen Platz an der Sonne Habens“, das eigene Ich und das einmalige Selbstsein zu opfern.
Bertolt Brecht entwirft in seiner Erzählung *Die unwürdige Greisin* dazu ein Gegenbild, das Lebensbild einer Frau, die sich als Tochter, Frau und Mutter bereitwillig und auch liebevoll im Rahmen des vorgeschriebenen Rollenschemas bewegt. Nach dem Tod ihres Mannes erregt sie jedoch Abscheu, Aufruhr, Empörung und Wut, aber auch Heiterkeit

bei ihren vielen Kindern und Enkeln, als sie sich nicht in das vorgeschriebene Klischee einer Witwe und Oma fügen will. Sie lebt ihr eigenes Leben, gestaltet es unkonventionell nach ihren Bedürfnissen und Wünschen und wird im Alter ein freier, selbständiger Mensch.

Alter als Aufgabe und Erfüllung

Alter als letzte Phase des Alterns

Wenn hier von den Begriffen „Alter“ und „altern“ gesprochen wird, ist dies mehr als ein Wortspiel. Die Gerontologie hat in der Auseinandersetzung mit dem Alter als letzte Lebensphase die Betrachtungsweise menschlichen Lebens als Prozeß von der Geburt bis zum Tod in die psychologische Sicht hineingenommen. Menschliches Leben wird begriffen als dauerndes Werden. Das Altern beginnt mit dem Tag der Geburt und ist ein lebenslanger Veränderungs- und Entwicklungsprozeß.
Bis zum Tode ist das Leben in Bewegung, fordert es zur Auseinandersetzung mit sich selbst und den Mitmenschen im engeren und weiteren Kreis heraus. Aber auch vor dem sich wandelnden Leben in nationalen und weltpolitischen Prozessen können und dürfen wir uns nicht verschließen.
Ziel menschlichen Lebens ist es, zur Fülle, zur Vollendung voranzuschreiten. Im Alter, der letzten Phase des Gesamtkonzeptes „Leben“, geraten viele Menschen in eine tiefe Krise. Die Körperkräfte lassen nach, Hören und Sehen werden eingeschränkt. Wie ist nun eine wache Anteilnahme am Umweltgeschehen noch möglich? Gerade dann stellt sich die Frage nach dem Sinn des Lebens in entscheidender Weise neu: das Durchleben dieser extremen Situation kann zu einer bisher nicht dagewesenen Begegnung mit sich selbst führen.

Durchgestandenes Leid, bewältigte oder in Demut getragene Schuld können aus einer neuen Perspektive positiv verarbeitet werden. Diese letzte Lebenskrise kann zugleich zu einer Selbsttranszendenz, zu einem neuen Offensein für Gott und die Mitmenschen führen.

Das Alter annehmen

Wie kann man die Krise des Alterns in positiver Weise angehen? Wir wollen uns einige Wege näher ansehen.
Der erste und grundlegende Schritt besteht darin, den Prozeß des Alterns positiv anzunehmen und zu jeder neuen Stufe des Lebens *Ja* zu sagen. Wenn ein Mann oder eine Frau die einzigartigen Werte und die wertvollen neuen Möglichkeiten entdeckt, die nur das reife Alter zu geben vermag, dann wird er oder sie nicht nur das Unvermeidliche passiv ertragen, sondern aktiv und mutig durch das Tor schreiten, das in das letzte Stadium menschlicher Fülle und Erfüllung führt. Jeder alte Mensch kann erfahren, daß er viele positive Möglichkeiten hat, sich mit dem Leben auseinanderzusetzen. Auch er kann und muß immer wieder lernen, neue Wege zu gehen. Er hat Zeit, sein Leben wirklich zu durchdenken, Gegebenheiten zu reflektieren und als Konsequenz vielleicht auch von liebgewordenen Traditionen und Standpunkten abzurücken. Im Bewußtsein des nahen Todes wird er sich auf die Suche nach einem Ankerpunkt machen, der über das Hier und Jetzt hinausgreift.

Gelöstheit und Weisheit lernen

Ein zweiter Schritt, in der rechten Weise alt zu werden, besteht darin, eine Haltung der Gelöstheit zu finden. Lange Jahre des Lebens lebt der Mensch in der Sorge für seine Familie und seinen Lebensstandard. Er kann nicht wirklich gelöst auf die Welt sehen. Viel zu sehr ist er Teil ihrer selbst.

Im Alter hat der Mensch die große Chance, eine gewisse Distanz zu seiner Umgebung und seinem Besitz zu gewinnen, eine neue Sichtweise zu entwickeln.

Diese neue Objektivität, diese breite Sicht oder umfassendere Schau, ermöglicht eine tiefere Einsicht in die wahre Bedeutung von Leben und Liebe, Welt und Gott, von Zeit und Ewigkeit. Sie erlaubt dem Menschen, den wahren Wert der Dinge zu erkennen.

Einen Menschen im Stadium der Gelöstheit und Objektivität wird die jüngere Generation um Rat fragen.

Da er seinen eigenen neuen Wert entdeckt hat, werden ihn jene schätzen, die weniger Erfahrung im Leben haben und bereit sind, auf die Stimme der Weisheit zu hören.

Solche Weisheit reifen Alters unterscheidet sich von scharfer Intelligenz oder reiner Informationsanhäufung. Sie kann nicht aus Büchern gelernt oder im Studium an Schulen und Universitäten erworben werden. Sie ist das Ergebnis eines lebenslangen Prozesses schrittweisen Wachsens und Reifens.

Neben aller jugendlichen Energie braucht die Welt die Kräfte der Weisheit, die die wertvollen Elemente der Tradition bewahren. Die Güte, Geduld und lächelnde Ruhe weiser Menschen kann Ermutigung, Anregung und Wegweiser für andere sein.
Die befreiende Wirkung der Lösung vom Selbst und von der Welt und die neue Freiheit, alle Dinge in der angemessenen Sicht, mit den Augen des Glaubens, zu sehen, wird sehr schön in der Eröffnungsszene von Paul Claudels Schauspiel *Der seidene Schuh* beschrieben. Ein Jesuitenmissionar erscheint als der einzige Überlebende auf dem Wrack eines von Piraten überfallenen entmasteten Schiffes. Er ist an den Stumpf des Hauptmastes gebunden und treibt auf den tobenden Wassern des Ozeans, ganz den Launen der Wellen ausgeliefert. Dem Tode nahe, beginnt der Jesuit seinen letzten Monolog:
„Herr, ich danke dir, daß du mich so tief gebeugt hast. Manchmal waren mir deine Gebote schmerzlich, und mein Wollen irrte umher und lehnte sich gegen deine Regeln auf. Jetzt aber könnte ich nicht enger an dich gebunden sein, als ich es bin. Wie heftig sich meine Glieder auch bewegen, sie können keinen Zoll von dir weg. So bin ich wirklich an das Kreuz geheftet, aber das Kreuz, an dem ich hänge, ist an nichts anderem befestigt. Es treibt auf der See."
Diese Szene beschreibt in überzeugender Weise die Situation, in der sich ein alter Mensch befindet, wenn er sich dem Ende seines Lebens nähert. Er hat keinen festen Grund mehr unter den Füßen, er ist an das Kreuz geheftet, und das Kreuz ist an

nichts anderem befestigt, es treibt über der Leere.
Der schiffbrüchige Jesuit in Claudels Schauspiel weiß, daß er bald untergehen wird, und doch entdeckt er, von Land und Leben gelöst, eine neue Sicherheit und Gelassenheit im Glauben. Eine großartige Leichtigkeit und Selbstvergessenheit charakterisiert den Rest des Monologes. Er muß untergehen, aber er weiß, daß er in die Arme seines himmlischen Vaters sinken wird. So kann er sein eigenes Schicksal vergessen und in seinem letzten Gebet sich seinem in die Irre gegangenen Bruder Rodrigo zuwenden, dem Helden des Spiels. Ist es nicht der größte Triumph des christlichen Glaubens, daß jemand angesichts seiner eigenen Agonie und seines eigenen Todes immer noch über sich selbst hinausgehen und seine liebende Sorge seinen Mitmenschen zuwenden kann?
Einige japanische Märtyrer vergaßen auf dem Wege zu ihrer Kreuzigung so vollkommen ihren eigenen unmittelbar bevorstehenden Tod, daß sie die letzten Minuten damit verbrachten, die Frohe Botschaft ihres Glaubens den Zuschauern am Straßenrand zu vermitteln. Gewiß, sie hatten von ihrem Meister gelernt, der selbst, als er am Kreuz hing, nicht über seine eigenen Schmerzen klagte, sondern um das Wohlergehen der anderen besorgt war: Er vertraute seine Mutter dem Apostel Johannes an, tröstete den guten Dieb mit dem Versprechen des Paradieses und betete sogar für seine Folterer, die „nicht wissen, was sie tun“.

Das Problem der Einsamkeit bewältigen

Eine bedrückende Erfahrung für viele ältere Menschen ist die Einsamkeit, das angstvolle und erschreckende Bewußtsein, allein zu sein. Die Kinder sind fortgezogen und leben ihr eigenes Leben. Die Zeiträume zwischen ihren Besuchen werden immer länger. Die Freunde sind einer nach dem anderen gestorben. Ein Achtzigjähriger sagt es so: „In meiner Umgebung ist niemand mehr, der mich Hans nennt.“

Der ältere Mensch hat häufig nicht den Mut, neue Freunde zu gewinnen. Die Furcht, aufdringlich zu erscheinen, hindert ihn daran, seinen gewohnten Weg zu verlassen und nach Bekanntschaften Ausschau zu halten. Wenn er zurückgewiesen wird, fühlt er sich unsicher und verzweifelt: Wollen die Menschen mich noch, brauchen sie mich noch, oder ertragen sie mich eben nur so? Er zieht sich zurück und verbringt sein Leben in Einsamkeit.

Tennessee Williams läßt eine seiner Personen in *Orpheus steigt herab* sagen:

„Wir sind alle streng in unsere Körper eingeschlossen, sozusagen zum einsamen Abgeschlossensein in unserer Haut verurteilt.“

Der alternde Mensch sollte sich nicht resigniert in die Einsamkeit zurückziehen, sondern versuchen, für andere verfügbar zu sein, mit seinen Mitmenschen die Kommunikation aufrechtzuerhalten und möglichst neue Beziehungen zu entwickeln.

Ein konkreter Weg wären regelmäßige Besuche bei anderen alten Menschen, die allein leben und die Gesellschaft schätzen werden. Sich darauf einzulassen, für andere Dienste zu leisten, ist eine Chance, die eigene Einsamkeit zu überwinden. Auch die Mitgliedschaft in einem Altenclub ist eine Hilfe, neue Freunde zu gewinnen und die Einsamkeit zu verringern.

Das Schreiben von Briefen bietet eine gute Gelegenheit, anderen Menschen einen Strahl der Hoffnung und Freude zu schenken. Alte Freunde und Bekannte erhalten vielleicht nicht mehr viel Post und freuen sich über einen Brief, Grüße zum Geburtstag, zum Jahrestag und Jubiläum. Auch ein Telefongespräch kann ein guter Weg sein, Menschen, die einsam sind, aufzumuntern und gleichzeitig die eigene Isolation zu lindern.

Ein alternder Mensch, der versucht, auf diese Weise anderen zu dienen und ihnen einige liebende Besorgtheit zu bekunden, muß vielleicht manchen Tag allein verbringen, doch wird er niemals einsam sein. Neben aller Aktivität muß er jedoch – wie ein kranker Mensch, der den Weg zu anderen aus eigener Kraft nicht mehr gehen und finden kann – lernen, offen zu sein und die Hilfe, die ihm angeboten wird, anzunehmen.

Erreicht ein alternder Mensch einen Punkt (insbesondere in Zeiten der Krankheit), an dem die Kommunikation mit Menschen nicht länger möglich ist, ist dies ein Augenblick, in dem er sich an niemand wenden kann außer an Gott. Es ist gut, sich daran zu erinnern, daß unser Herr versteht, was Einsamkeit bedeutet. Denn niemand durchkostete die Agonie der Einsamkeit tiefer als Jesus Christus im Garten von Getsemani, und nie-

mand erfuhr eine totalere Isolation als Jesus Christus am Kreuz.
Die Erfahrung des Alleinseins braucht keine negative Erfahrung zu sein. Im Gegenteil, die Leere der Einsamkeit vermag das Herz eines Menschen zu öffnen und ihn empfänglicher zu machen für die Gegenwart Gottes, die oft gerade für den Schweigenden erfahrbar wird. Einsamkeit kann ein Segen sein. Die Erfahrung des Alleinseins kann den Menschen von seinen Masken befreien und ihn zwingen, seinem wirklichen Selbst zu begegnen. Sie kann seinen Glauben vertiefen und ihn veranlassen, eine persönliche Beziehung zu Gott zu suchen.
In bitteren Stunden der Einsamkeit ist vielleicht der einzige Strahl der Hoffnung und des Trostes der Gedanke an Gottes Gegenwart. Trotz allem Anschein des Gegenteils ist der Mensch niemals allein, da Gott immer da ist. Die Vertiefung des Bewußtseins von der Gegenwart Gottes kann ein äußerst lohnender Weg sein, die einsamen Stunden des Alters zu füllen. Der Mensch transzendiert seine Einsamkeit in einer neuen persönlichen Begegnung mit Gott. Einsamkeit ist oft Gottes Weg, ungeteilte Aufmerksamkeit zu gewinnen und auf einer neuen und tieferen Ebene mit dem Menschen in Gemeinschaft zu treten.
In diesem Zusammenhang darf ich vielleicht kurz eine persönliche Erfahrung berichten, die mir im Dschungel in Vietnam widerfuhr. Ich arbeitete als Reporter, verirrte mich in dem riesigen Dschungel und lief stundenlang durch dichtes Unterholz. Niemals zuvor war ich so restlos von allen Menschen

abgeschnitten. Plötzlich durchfuhr den ruhigen Dschungel das Geknatter einer Maschinenpistole. Ich warf mich zu Boden. Waren es Süd-Vietnamesen oder Vietcong? Minuten zuvor hatte ich verzweifelt nach Menschen gesucht. Jetzt aber steigerte die physische Nähe von Menschen, denen ich mich nicht nähern konnte, nur noch mein Gefühl äußersten Alleinseins. Mein Gesicht in den feuchten Boden gepreßt, wartete ich und wagte nicht, ein Glied zu rühren.
In dieser Stunde äußerster Isolierung und Einsamkeit kamen mir plötzlich dichterische Verse in den Sinn, die ich als kleiner Junge oft gesprochen hatte, ohne die Tiefe ihres Sinnes voll zu begreifen:

Der du wohnst in des Höchsten Schutz,
in des Allmächtigen Schatten lebst,
sprich du zum Herrn: „Meine Zuflucht,
meine Burg, mein Gott, auf den ich vertraue!"

Er rettet dich vor der Schlinge des Jägers
und vor der Pest, die Verderben bringt.
Mit seinen Flügeln beschirmt er dich,
in der Hut seiner Fittiche birgst du dich,
seine Treue ist Schild dir und Schutz.

Dann fürchtest du nicht den Schrecken der Nacht
und nicht den Pfeil, der am Tage fliegt;
auch nicht die Pest, die im Finsteren schleicht,
und nicht das Unheil, das mittags schlägt.

Es fallen Tausende neben dir
und zehnmal Tausend zu deiner Rechten,

dir aber naht es sich nicht.
Denn deine Zuflucht ist der Herr,
den Höchsten hast du zur Burg erwählt.

Er entbietet für dich seine Engel,
daß sie dich schützen auf allen deinen Wegen.
Sie tragen dich auf ihren Händen,
damit sich dein Fuß an keinem Stein stoße.

Du gehst über Schlangen und Nattern,
trittst Löwen nieder und Drachen.

Die Gegenwart Gottes und seiner schützenden Vorsehung, die in diesen Versen des 91. Psalms einen so schönen Ausdruck gefunden hat, wurde plötzlich eine so machtvolle Wirklichkeit, daß ich jetzt, allein im feindlichen Dschungel und von Gefahren umgeben, mich Ihm näher als je zuvor fühlte.
Wenn ein Mensch im Alter die schmerzliche Erfahrung der Einsamkeit macht, tut er gut daran, immer einige der tröstlichen Schrifttexte zur Hand zu haben, die von der Gegenwart Gottes sprechen. Indem wir über diese Worte nachdenken, können wir das Bewußtsein vertiefen, daß wir letzten Endes niemals allein sind. Die Heilige Schrift sagt uns immer wieder, wie nah unser Gott ist. Der hl. Paulus spricht zu den Athenern: „Keinem von uns ist Gott fern. Denn in ihm leben wir, bewegen wir uns und sind wir“ (Apg 17,27 f.). Als der Prophet Jeremia in Furcht vor der Sendung zurückschreckt, die der Herr ihm anzuvertrauen wünscht, ermutigt Gott ihn und tröstet ihn mit dem Gedanken seiner Gegen-

wart: „Fürchte dich nicht, denn ich bin mit dir, um dich zu retten“ (Jer 1,8). Josua wird von Gott ermutigt: „Fürchte dich also nicht, und hab keine Angst; denn der Herr, dein Gott, ist mit dir bei allem, was du unternimmst“ (Jos 1,9).
Die Geschichte des Kommens Christi in diese Welt berichtet uns die neue Nähe Gottes: „Sie werden ihn Emanuel nennen, ein Name, der bedeutet ‚Gott ist mit uns‘“ (Mt 1,23). Eines der ergreifendsten Worte über die liebende Gegenwart Gottes und seine persönliche Sorge um jeden Menschen, ein Wort, das Millionen einsamer Menschen neue Hoffnung und neuen Mut gegeben hat, ist im Buch Jesaja aufgeschrieben: „Kann denn eine Frau ihr Kindlein vergessen, eine Mutter ihren leiblichen Sohn? Und selbst wenn sie ihn vergessen würde: ich vergesse dich nicht“ (Jes 49,15). Und die letzten Worte Christi an seine Apostel betonen wiederum seine dauernde Gegenwart: „Seid gewiß: Ich bin bei euch alle Tage bis zum Ende der Welt“ (Mt 28,20). Da Gott gegenwärtig ist, braucht sich niemand jemals wieder einsam zu fühlen.
Die große Mystikerin Katharina von Siena sagte einmal, sie könnte den ganzen Tag damit verbringen, nur einen Satz des Credos zu bedenken: „Und seines Reiches wird kein Ende sein.“ Jeder von uns kennt irgendein Gebet, einen Vers der Schrift oder einen einfachen Satz, der ihn begleitet durch die Tage und Jahre. So kann ihm transzendentaler Bezug emotional fühlbar werden. Er kann dem Göttlichen näherkommen.

Humor im Alter

Um die Probleme älterer Menschen besser zu verstehen, habe ich zeitweise in amerikanischen, japanischen und deutschen Altenheimen und Krankenhäusern gewohnt.
Was mich immer wieder überraschte, war das Phänomen der „ernsten Alten“. Zahlreiche alte Menschen scheinen das Lachen und den Sinn für Humor verloren zu haben.
Das deutsche Wort „Humor“ kommt vom lateinischen „humor“ und war ursprünglich ein medizinischer Begriff mit der Bedeutung „Körpersäfte“ oder „Flüssigkeiten“. Wir wollen den Begriff „Humor“ im weitesten Sinne als Ausdruck gelassener Heiterkeit interpretieren.
Die Fähigkeit zu lachen ist eine der kostbarsten Gaben des Menschen, und der Humor ist besonders für den alternden Menschen ein Ausdruck von Reife, Lebensfreude und Optimismus. Sprichwörter vieler Völker betonen „Lachen ist gesund“, „Lachen ist die beste Medizin“ oder „Wer lacht, lebt länger“. Also sollten Lachen und Humor wertvolle Wege zu einem reifen und glücklichen Alter sein.
Humor ist eine Fähigkeit, die man besonders im Alter entwickeln kann. Aber warum gelingt es so wenigen Menschen? Falsche Erziehung, eine verfälschte Wertehierarchie, die Hemmung vitaler Impulse, schmerzliche Lebenserfahrungen und Mangel an Distanz scheinen vielen alternden Menschen die Fröhlichkeit des Herzens und den Sinn für Humor zu rauben.

Im folgenden möchte ich die Rolle des Lachens und Humors im Alter unter vier Aspekten beschreiben:

– Humor als innere Freiheit
– Humor als Heilkraft
– Humor als Kommunikationshilfe
– Humor als Liebe.

Humor als innere Freiheit: Humor ist der Ausdruck eines freien Geistes. Nur wer innerlich frei ist, kann über sich selbst lachen. Wer die Freiheit besitzt, sich selbst mit seinen Grenzen anzunehmen und zu bejahen, kann auch mit anderen über seine Schwächen lächeln und seinen kleinen und großen Torheiten eine komische Seite abgewinnen. Selbstannahme, gesunde Selbstliebe, mit seinen Grenzen leben können und die daraus erwachsende Herzensfreiheit sind somit ein wichtiger Nährboden für den Humor.

Gleichzeitig wirkt der Humor wieder auf die Grundhaltung des Menschen zurück und erweitert den Freiheitsraum des menschlichen Herzens. Freiheit des Herzens ist ja kein statischer Zustand, sondern ein dynamischer Prozeß, der sich auf den verschiedenen Lebensstufen aufgrund neuer Erfahrungen immer wieder erweitern und vertiefen muß.

Wer sich in solcher Weise innerlich frei macht, gewinnt einen ganz anderen Blick für die Welt und das Leben. Er sieht die Schönheit der kleinen Dinge: das Farbenspiel eines wolkenverhangenen Himmels, die ästhetische Harmonie eines liebevoll gedeckten Tisches. Wenn man spielende Kinder beobachtet, ist man oft fasziniert von ihrer seligen

Hingabe an den Augenblick – unbelastet von Vergangenheit und Zukunft. Ein alter Mensch kann wieder zu dieser Hingabe an den Augenblick zurückfinden –, weil er in innerer Freiheit losgelassen hat, was ihn in der Vergangenheit bedrängte, und weil er ruhigen Herzens der Zukunft entgegensehen kann. Ein Kind kann noch keinen Humor haben. Humor ist ein Geschenk des Alters. Die befreiende Kraft des Humors im Alter muß sich konkret darin zeigen, daß der alternde Mensch die Alltäglichkeiten nicht mehr so ernst nimmt. Was er auf einer früheren Lebensstufe überbewertet hat, kann er jetzt leichter relativieren; er weiß, was relativierungsfähig ist. Erstrebenswerte Ziele einer neuen Freiheitserfahrung im Alter könnten sein: Freiheit vom Handlungszwang und Leistungsdruck, vom Glänzenwollen und von sozialem Prestige, Freiheit zur Selbstkritik und Bescheidenheit, zur Gelassenheit, Zärtlichkeit und Liebe.

Humor als Heilkraft: Es gibt wenige Themen, die ältere Menschen mehr beschäftigen als ihre Gesundheit – wie man sie erhält oder wie man sie wiedererlangen kann. In den letzten Jahrzehnten hat die psychosomatische Medizin immer wieder auf die Heilkraft des Humors hingewiesen. Der richtige Sinn für Humor kann das körperliche und seelische Wohlbefinden entscheidend fördern. Wie unbewältigter Streß oft zu Krankheit führt, so kann Humor die Anspannungen des alltäglichen Lebens entkrampfen und dem Menschen den Weg zu Entspannung, Gelassenheit und zum ganzmenschlichen Wohlbefinden zeigen.

Die Gesundheit alternder Menschen wird vor allem bedroht durch wirkliche oder eingebildete Ängste und Sorgen, durch den Streß der Anpassung an einen ungewohnten neuen Lebensstil, durch Spannungen in zwischenmenschlichen Beziehungen, vor allem mit der jüngeren Generation, und durch ein schwächer werdendes Immunsystem.
Wer Sinn für Humor hat, kann viele Ängste und Sorgen als unbegründet erkennen. Wer in humorvoller Weise zu den Gebrechlichkeiten des eigenen Körpers steht, nimmt die Eingeschränktheit an Beweglichkeit oder die immer zunehmenden Runzeln im Gesicht und die allmählich einsetzende Verkalkung nicht mehr so wichtig. Heitere Menschen sind gewöhnlich zufrieden und lassen sich nicht durch unnötige Ängste bedrücken. Eine gelöste und heitere Grundeinstellung schenkt dem Menschen Flexibilität und Anpassungsfähigkeit für neue Situationen. Ein humorvoller Mensch möchte sich mitteilen, er ist kontaktfreudig.
Der sogenannte „Ernst des Lebens" versetzt viele alternde Menschen in einen Zustand dauernder Anspannung. Wie eine Maschine nicht ununterbrochen laufen kann, so kann auch der menschliche Körper eine Daueranspannung nicht aushalten. Die Leistung des Abwehrsystems sinkt, der Körper ist dadurch weniger geschützt, und auch Krebszellen können sich in einem überforderten Körper leichter ausbreiten.
In Amerika habe ich einmal eine faszinierend fröhliche Ordensschwester getroffen, die als Krankenschwester in einem großen Krankenhaus arbeitete. Auf dem Weg zur Krankenstation erdachte sie sich

jeden Morgen eine lustige Geschichte oder einen Witz, den sie später ihren Patienten erzählte und der sie zum Lachen brachte. Auf ihrer Station herrschte daher eine besonders heitere Stimmung. Ihr Chefarzt behauptete, daß viele Patienten auf dieser Station erstaunlich schnell gesund entlassen werden konnten.

Die Theorie von den Heilqualitäten einer heiteren Lebenseinstellung und einer humorvollen Grundhaltung ist durchaus keine Neuentdeckung der modernen psychosomatischen Forschung. Schon in der mittelalterlichen Medizin finden wir als Ratschläge für ein gesundes Leben das Dreigespann: „Fröhlichkeit, Ruhe und Diät". Auch die Bibel sagt schon: „Ein fröhliches Herz tut gut wie eine Medizin."

Humor als Kommunikationshilfe: Schwierigkeiten in der menschlichen Kommunikation gehören zu den häufigsten Leiden alternder Menschen. Mit den Jahren verliert man oft an Flexibilität und geistiger Anpassungsfähigkeit, Gesprächspartner gleichen Alters sind oft in ihrer Denkweise festgefahren, und der Dialog mit jungen Menschen wird erschwert durch ein unterschiedliches Wertebewußtsein.

Eine Patentlösung für dieses Kommunikationsproblem gibt es nicht. Aber wer in heiterer Distanz zu sich selber lebt, dem wird in der Begegnung das Geschenk menschlicher Nähe zuteil. Er lernt die liebende Sprache des Herzens. Die wortlose Kommunikation eines verstehenden Lächelns kann zwei Menschen mehr verbinden als alle Worte.

Es gehört zu den Sprichwortweisheiten verschiedener Kulturen, daß ein Lächeln der schnellste Weg von Mensch zu Mensch sei. Besonders in meiner Wahlheimat Japan, dem Land des Lächelns, beobachte ich fast täglich, wie das häufige Lächeln auch einander unbekannte Menschen verbindet und die Kommunikation erleichtert und fördert. Auch wenn den Japanern oft vorgeworfen wird, ihr Lächeln sei das Produkt konventioneller Erziehung, so kann ich aus eigener Erfahrung sagen, daß sich darin eine Bereitschaft des Menschen zeigt, den andern als Partner zu achten und anzuerkennen.

In Altenheimen habe ich häufig beobachtet, daß die alten Menschen sich bei den Mahlzeiten spontan an Tische drängen, an denen fröhliche Menschen sitzen und bewußt Tische meiden, an denen sich trübselige Gestalten niedergelassen haben. Menschen mit Humor werden als angenehm und sympathisch empfunden. In manchen Heimen Japans werden die Sitzplätze bei den Mahlzeiten monatlich verlost, damit griesgrämige Frauen und Männer nicht allein sitzen müssen.

Daß gemeinsames Lachen ein Gefühl von Nähe und Gemeinschaft entstehen läßt, können wir als Zuschauer im Theater oder als Zuhörer eines humorvollen Vortrags erfahren. Auch wenn wir die Menschen, die neben uns sitzen, nicht kennen, so fühlen wir unmittelbar etwas Verbindendes, wenn wir zusammen lachen. Lachen sprengt zwischenmenschliche Mauern, transzendiert die engen Grenzen des Selbst und schenkt das Gefühl des universal Menschlichen.

Ein alter Mensch sollte sich also nicht verbittert in die Einsamkeit seiner vier Wände zurückziehen, sondern bewußt das fröhliche Miteinander suchen, sei es beim Seniorentanz, sei es beim Kartenspiel oder beim gemeinsamen Singen. Lächeln, Lachen und Humor können vor Vereinsamung bewahren und die Gabe der Kommunikation entfalten helfen.

Humor als Liebe: Der tiefste Sinn des Humors liegt in seiner Eigenschaft als Ausdruck der Liebe. Wenn wir einem Menschen Liebe zeigen wollen, müssen wir zunächst fragen, was der geliebte Mensch sich wünscht. Unerwünschte Aufmerksamkeit wird nicht als Liebe empfunden. Fast alle Menschen wünschen sich eine heitere Atmosphäre, dazu fröhliche und freundliche Mitmenschen, die sich selbst und ihre Probleme nicht zu ernst nehmen. In der streßgefüllten, spannungsgeladenen und überernsten Gesellschaft von heute können Menschen – auch und besonders alte Frauen und Männer – durch Lächeln und Humor eine Atmosphäre heiterer Herzlichkeit schaffen, die für andere zur Oase der Freude wird.
Die reife Liebe eines alternden Ehepaares muß sich auch darin zeigen, daß sie gemeinsam lachen können.
Probleme im Alter sind unvermeidlich, aber sie nicht zu ernst zu nehmen und ihnen im rechten Augenblick die komische Seite abzugewinnen, das kann ein willkommener Ausdruck der Liebe sein. Doch dieser Humor kommt nicht von selbst. Er muß über Jahre hin eingeübt werden, und dafür braucht es Zeit und Muße.

Wege zum Humor

Viele ältere Menschen müssen bei ehrlicher Selbstprüfung feststellen, daß sie die Fröhlichkeit der jungen Jahre verloren und nie einen echten Sinn für Humor entwickelt haben. Kann man im Alter dann noch zu einer solchen Lebenshaltung finden? Humor läßt sich nicht wie eine Fremdsprache erlernen, aber ich möchte sechs Wege aufzeigen, die zu einem humorvolleren Leben im Alter führen können.

– Eine optimistische Grundhaltung des Herzens einüben. Auch im Alter können wir uns bemühen, das Leben zu bejahen und von der positiven Seite zu sehen. Die gleiche Tatsache wird vom Pessimisten und Optimisten unterschiedlich beurteilt. Der Pessimist sieht bei einem halb gefüllten Glas, daß es schon halb leer ist, der Optimist beobachtet, daß es noch halb voll ist.

– Die eigenen Unvollkommenheiten und Fehlschläge sowie die Unzulänglichkeiten der Welt mit Gelassenheit und Heiterkeit annehmen und darüber lachen können. Motto: „Nimm dich selbst nicht zu ernst!" Papst Johannes XXIII. hatte auf seinem Schreibtisch einen Spruch vor Augen mit der Aufforderung: „Johannes, nimm dich nicht so wichtig!"

– Die Fehler und Schwächen der Mitmenschen verständnisvoll, gütig und großzügig annehmen und sich bemühen, anderen zu verzeihen.

– Sich jeden Morgen fragen: Wie kann ich heute etwas mehr Licht und Freude in diese Welt bringen und das Leben meiner Mitmenschen ein wenig fröhlicher und glücklicher machen? Der französische Schriftsteller Sébastien Roch Chamfort hat geschrieben: „Jeder Tag, an dem wir nicht gelacht haben, ist vergeudet."

– Mindestens einmal am Tag sich selbst im Spiegel sehen, und wenn uns dann ein mißmutiges, griesgrämiges Gesicht anblickt, so sollten wir uns fragen, ob nicht an unserer Grundeinstellung etwas zu ändern ist. Das heißt nicht, daß nicht auch in jedem Leben Epochen der Trauer und des Schmerzes einen Raum haben. Wer aber Humor eingeübt hat, der kann nicht mehr am Kummer zerbrechen.

– Um die Gabe des Humors beten. „Herr, schenke mir Sinn für Humor!" (Thomas Morus). Humor ist gewiß die Frucht menschlichen Bemühens, aber gleichzeitig auch ein Geschenk der Gnade Gottes.

Wenn das Neue Testament eine „Frohe Botschaft" ist, sollte diese Botschaft der Freude ganz natürlich in Heiterkeit, Fröhlichkeit und Humor ihren Ausdruck finden. Nietzsche hat uns daran erinnert, wenn er sagt, daß die Christen erlöster aussehen müßten. Wie zentral die Freude in der Verkündigung Jesu ist, zeigt das Wort, das er kurz vor seinem Tod beim Letzten Abendmahl gleichsam als geistiges Testament gesprochen hat: „Dies habe ich euch gesagt, damit meine Freude in euch ist und damit eure Freude vollkommen wird" (Joh 15,11).

Das Christentum kann als Religion der Freude auch ein Weg zum Humor im Alter werden.

Reue und Wiedergeburt

Wenn sie um die 50 Jahre alt sind, beginnen viele Menschen in wachsendem Maße mit einer Bewertung ihrer Vergangenheit. Sie versuchen, die Bilanz ihres vergangenen Lebens zu ziehen, ihrer Erfolge und ihres Scheiterns, ihrer Leistung und ihres Versagens. In Gesprächen schaffen sie meistens das Bild eines von Erfolgen und Leistungen erfüllten Lebens. Doch wenn sie mit sich allein sind, gestehen sie sich häufig die Kluft zwischen den Idealen ihrer Jugend und ihren wahren Leistungen ein. Wenn sie sich selbst gegenüber ehrlich sind, erkennen sie, wie oft sie ihre Energien verschwendet haben, Gelegenheiten vorübergehen ließen, falschen Zielen nachjagten und ihrer Gemeinschaft und ihrer Familie gegenüber versagten. Ihr ganzes vergangenes Leben scheint eine sehr unfertige Bildhauerarbeit zu sein. Sie erkennen einige gute Leistungen, gewiß, aber sie erfahren auch das Gefühl der Enttäuschung und Ernüchterung, das aus dem Bewußtsein vieler Fehler und zahlreicher Unterlassungen aufsteigt. Und wer es fertigbringt, die Selbsttäuschung zu vermeiden, muß Gefühle wirklicher Schuld eingestehen, weil er häufig selbstsüchtig handelte, nicht genug Liebe und Mitleid seinen Mitmenschen gegenüber zeigte und oft nicht da war, wenn sie ihn brauchten.

Ungelöste Schuldgefühle gegenüber vergangenem Fehlverhalten und sündigen Unterlassungen führen bei älteren Männern und Frauen häufig zu psychischen Störungen. Wenn die Schuld aus vergan-

genen Tagen nicht damals bereut, keine Buße geleistet wurde für ungerechtes Tun gegen die Mitmenschen, hält die schmerzvolle Erinnerung häufig noch einen alternden Menschen wach und zwingt ihn, den häßlichen Tatsachen ins Auge zu sehen, die er vielleicht jahrelang verdrängt hat.
Die Bewertung der eigenen Vergangenheit wird immer mit einer gewissen Ernüchterung einhergehen, denn wer kann von sich selbst sagen, sein Leben sei ohne Sünde gewesen? Jeder muß seine Vergangenheit in sein gegenwärtiges Leben integrieren, und ein Teil dieser Integration wird häufig eine ehrliche Auseinandersetzung mit der eigenen verdrängten Schuld sein.
Es ist falsch, wenn ein älterer Mensch seine letzten Jahre damit verbringt, die glorreichen Tage seiner Vergangenheit immer neu zu leben und neu zu erzählen. Ebenso unnütz ist es aber auch, wenn ein Mensch seine letzten Jahre damit verbringt, sich den Gespenstern fruchtloser Gewissensbisse zu überlassen und von der schweren Last eines Schuldbewußtseins niedergedrückt zu werden. Psychologen und Psychiater berichten uns, daß beide Extreme unter alternden Leuten recht häufig sind und einen Teil der Gesundheitsprobleme begründen. Sie könnten vermieden werden, wenn der Mensch mit seiner Vergangenheit in einer ehrlichen und offenen Weise umginge.
Max Scheler zeigt uns in seinem glänzenden Aufsatz *Reue und Wiedergeburt* eine gültige Weise, das Problem vergangener Schuld anzugehen. Scheler beginnt mit der Frage, ob etwas, was in der Vergangenheit getan wurde, heute ungesche-

hen gemacht werden könne, ob eine böse Tat wieder ausgelöscht werden könne. Es scheint, der Strom der Zeit ist ein irreversibler Prozeß, und was vergangen ist, ist einfach vergangen. Dies ist wahr im Hinblick auf die objektive Zeit, in deren Verlauf physische Ereignisse stattfinden. Es gilt aber nicht für die *menschliche Zeit.* Die menschliche Existenz gleicht nicht einem Fluß, der vorbeifließt und nicht zurückkehren kann, der nicht mehr ändern kann, was vorausging, und jetzt Vergangenheit ist. Im Gegensatz zu dem kontinuierlichen Strom der leblosen Natur, die nur eine Dimension und eine Richtung kennt, hat der Mensch noch Macht über die Bedeutung und den Wert seines vergangenen Tuns. Er kann die physische Tatsache nicht ändern, daß eine bestimmte Tat von ihm getan wurde, und ebensowenig kann er die äußeren Wirkungen seines Tuns ändern. Doch er kann ihre innere Bedeutung und ihren inneren Wert ändern. Jedes Ereignis unserer Vergangenheit bleibt in seiner Bedeutung irgendwie unbestimmt, unvollendet in seinem Wert und noch erlösbar. In jedem Augenblick des Menschenlebens ist noch seine ganze Vergangenheit gegenwärtig und in seiner Macht. Im Akt der Reue hat der Mensch die Fähigkeit, die Eigenschaften des Böseseins vergangener Taten aufzuheben und ihnen eine neue Bedeutung und einen neuen Wert aufzuprägen. In der Reue bewertet er einen Teil seines vergangenen Lebens neu und gestaltet es als neuen Wert und in neuer Bedeutung. *Menschliche Zeit* unterscheidet sich von der objektiven Zeit gerade darin, daß das frühere Geschehen nicht an den eindirektionalen Strom der leblosen Natur gebunden ist. Man kann die Bedeutung und den Wert vergangener Taten noch ändern. So ist die Reue ein Einbruch in unser eigenes, vergangenes Leben und ein Eingriff in dieses vergangene Leben. Reue ist die große Macht der Selbsterneuerung und die revolutionärste Kraft in der sittlichen Welt. Da der Mensch durch die Reue wirklich Macht über die Bedeutung und den Wert seines vergangenen Tuns hat, kann er die Schuld aus dem vitalen Kern seiner Persönlichkeit vertreiben, seine Persönlichkeit wieder heil werden lassen und seine sittliche, geistige und religiöse Wiedergeburt zustandebringen. In der volkstümlichen Meinung wird die Reue häufig als ein völlig ohnmächtiges Bedauern oder ein trauriger Rückblick auf vergangenes Versagen verstanden. Für Scheler ist Reue mehr: Sie ist das große Paradoxon, durch das der Mensch sich machtvoll der Vergangenheit zuwendet, um die Qualität des Bösen in seinem vergangenen Tun auszulöschen und zur selben Zeit freudig für die Zukunft, die Befreiung, Erneuerung und Wiedergeburt zu arbeiten.

Diese tiefen philosophischen Aussagen Max Schelers müssen ergänzt werden von der theoretischen Lehre über die Reue und Wiedergeburt im Sakrament der Buße. Die Tatsache, daß es einen positiven Zugang zum Problem vergangener Schuld gibt, macht es um so tragischer, daß so viele alte Leute unerträglich unter der ungeschmälerten Last ihrer eigenen unvollkommenen und unerlösten Vergangenheit leiden.

Christus will wieder die Worte sagen, die er an die Frau des Evangeliums richtete: „Deine Sünden sind dir vergeben" (Lk 7,48), wenn immer sich ihm ein Mensch in Reue und Liebe zuwendet. Und die Worte, die Jesus in der Nacht vor seinem erlösenden Leiden zur Vergebung der Sünden sprach, sind auch heute an jedermann gerichtet: „Euer Kummer wird sich in Freude verwandeln ... und niemand nimmt euch eure Freude" (Joh 16,20.22). Einigen Menschen scheint es zu gelingen, im Alter eine engere Verbindung mit Gott zu gewinnen, weil sie sich sehr darum bemühen, für das Versagen in ihrer Vergangenheit Genugtuung zu leisten. Die Kirche ist sich dieses Aspekts von Sünde und Schuld bewußt, denn sie gebraucht in einem ihrer ergreifendsten Lieder das gewagte Paradox einer „glücklichen Schuld": „O wahrhaft notwendige Sünde Adams, die durch den Tod Christi ausgelöscht wurde! O glückliche Schuld, die einen so großen Erlöser verdiente!" Wir alle kennen diese Worte aus der Ostervigil der Liturgie.

Ganzheit gewinnen

Eine der ermutigendsten und erfreulichsten Erfahrungen vieler alternder Menschen ist das wachsende Bewußtsein, daß ihr Geist immer noch zu siegen vermag, wenn ihre physischen Kräfte sie auch verlassen. Psychologen und Romanschriftsteller haben häufig den Prozeß beschrieben, durch den ein alternder Mensch nach und nach seiner physischen Kräfte beraubt wird; trotzdem aber ist er fähig, diesen Verlust durch den Einsatz innerer Kraftreserven aus der Tiefe seines Geistes und seiner

Seele auszugleichen. Wir sind alle mit dem allgemeinen psychologischen Gesetz vertraut, daß ein physisches Handicap oder die Erfahrung einer Unterlegenheit in einem bestimmten Feld als ein machtvoller Anreiz wirken kann, für einen Ausgleich auf einem anderen Gebiet zu sorgen, auf dem jemand außerordentliche Leistungen zu vollbringen vermag. Ein junges Mädchen, das nicht mit physischer Schönheit gesegnet ist, nimmt das häufig als eine Herausforderung an und versucht, ihren Mangel durch überragende Leistungen im Studium oder im Sport wettzumachen. Dort wird sie vielleicht alle ihre attraktiveren Klassenkameradinnen übertreffen.

Dieses Kompensationsgesetz gilt auch für das Alter. Die Erfahrung der Minderungen und Mängel, die das Alter mit sich bringt, können von einem älteren Menschen als Herausforderung aufgefaßt werden. Die Handicaps, Belastungen und Ernüchterungen des Alters können als Stimuli und Anreiz wirken, innere Kräfte und schöpferische Vermögen zu wecken, die helfen werden, neue Dimensionen des Menschseins zu entdecken und zu entwickeln und so die Niederlage in einen Sieg umzuwandeln.

Es macht einen der traurigsten Aspekte des Alters aus, daß sich viele Menschen der Kräfte ihrer Seele über den alternden Leib nicht bewußt zu sein scheinen und so niemals die verborgenen Reserven ihres inneren Selbst entwickeln. Es sieht so aus, als ob es zwei mögliche Wege zur Entwicklung im menschlichen Leben gibt. Im einen Falle folgt die geistige Kurve der biologischen Kurve.

Das bedeutet, daß der Körper im Alter zwar noch lebt, aber daß dieses Leben unwürdig erscheint. Wenn sein geistiges Tun und seine geistigen Kräfte fast schlafen, kann man von einem alternden Menschen nur sagen, daß er freudlos und ohne Sinn für menschliche Erfüllung dahinvegetiert. Im zweiten Falle bleiben die psychologischen und geistigen Kräfte des alternden Menschen mit großer Leistungsfähigkeit wirksam. Goethe sprach die tiefe Einsicht aus, daß in seiner Jugend der Mensch *durch* seinen Körper lebt, während er im Alter gezwungen ist, *gegen* seinen Körper zu leben.

Es gibt im Menschen verborgene Möglichkeiten und Kräfte, die sich erst dann entwickeln und entfalten, wenn die physischen Kräfte des Körpers nachzulassen beginnen. Während seines „Arbeits"-Lebens konzentriert sich der Mensch gewöhnlich so sehr auf die Energien, die er zum Erwerb seines Lebensunterhaltes benötigt, daß gewisse tiefere Kräfte seines inneren Lebens unterentwickelt bleiben. Das Alter bietet eine Gelegenheit, diese tiefere Schicht zu entdecken und zu entwickeln. Eine systematische Praxis der Meditation und Kontemplation könnte äußerst hilfreich sein, diese Schätze auszugraben und zu entfalten, die in der Tiefe des menschlichen Selbst warten. Meditation und Kontemplation sind nicht rasch erlernbar, aber hat man diese Fähigkeiten einmal erworben, sind sie ungewöhnlich bereichernd.

In diesem Zusammenhang erinnere ich mich an eine Reihe von Erlebnissen anläßlich der Spendung des Sakramentes der Krankensalbung an ältere

Menschen; ich wurde nicht nur Zeuge einer bemerkenswerten Wiederherstellung der geistigen Kräfte, sondern auch einer Wiedergewinnung leiblicher Gesundheit. Der psychosomatische Zusammenhang ist für uns noch ein großes Geheimnis, doch scheint es ganz sicher einen engen Zusammenhang zwischen der geistigen Stärke eines Menschen und seiner körperlichen Gesundheit zu geben.

Wenn Erfolg oder Scheitern im Alter so sehr davon abhängen, ob jemand trotz der zunehmenden Mängel seines Leibes geistig lebendig bleibt, dann sollte es für den Menschen von höchster Wichtigkeit sein, sich auf sein Alter durch die Entwicklung seiner psychischen, intellektuellen und geistigen Kräfte im höchstmöglichen Maße vorzubereiten. Ein Gerontologe sagte kürzlich, den Teenagern eine intellektuelle, anregendere Erziehung zu geben und sie zu größerer psychologischer Reife zu führen bedeute einen größeren Beitrag zum Problem des Alters als die Gründung von Altenclubs. Bei vielen alten Menschen war die innere Leere, die sich plötzlich zum Zeitpunkt ihres Ausscheidens aus dem Arbeitsleben auftut, immer da; sie wurde nur von ihrer ruhelosen Arbeit überdeckt. Ein wichtiger Teil der Vorbereitung des Menschen auf ein fruchtbares Alter liegt in der Entwicklung von Interesse und Freude an intellektuellen Dingen, an Kunst, Musik, Literatur und Religion. Aber auch wenn jemand das Pensionsalter erreicht hat, ohne auf die Wertschätzung der schönen Künste vorbereitet worden zu sein, sollte er nicht leicht den Versuch aufgeben, sie schätzen zu lernen. Ein guter

Lehrer und viel Geduld werden zu überraschenden Ergebnissen führen.
Auf streng psychologischer Ebene könnten die Einsichten Carl Gustav Jungs äußerst wertvoll werden. Nach Jung arbeitet und lebt der Mensch gewöhnlich nur mit der Hälfte seiner psychischen Fähigkeiten, während die andere Hälfte ungenutzt bleibt. Frühere Generationen waren sich der erstaunlichen Tiefen des menschlichen Seins, die in den letzten Jahrzehnten aufgedeckt wurden, nicht bewußt. Aber auch heute noch leben die meisten Menschen nur mit einem kleinen Teil ihrer Psyche, während ganze Dimensionen ihres möglichen inneren Selbst vernachlässigt und ignoriert werden. Oder, um mit Goldbrunner zu sprechen, „viele Zimmer im Hause der Seele sind verschlossen und werden nie geöffnet".
Es stellt sich also die Frage: Ist es zu rechtfertigen, daß wir nur mit der Hälfte unserer „Talente" weiterarbeiten, nachdem wir diese unermeßlichen, in uns allen verborgenen Energiequellen entdeckt haben? Gibt es nicht eine moralische Verpflichtung, die ungenutzten Energien unserer Seele zu entwickeln und so die Verwirklichung der psychischen Ganzheit anzustreben? Es ist gesagt worden, daß ein Mensch zwar während der ersten Hälfte seines Lebens verhältnismäßig gut zurechtkommen kann, indem er nur die eine Hälfte seiner psychischen Energien benutzt, daß sich aber während der zweiten Hälfte die wirkliche Notwendigkeit ergibt, sein großes latentes Potential zu nutzen; und der Grund, aus dem so viele Menschen niemals ihre menschliche Erfüllung erreichen oder von Lange-

weile oder innerer Leere verzehrt werden, wenn sie altern, liegt gerade eben darin, daß sie niemals die potentiellen Energien entdeckt haben, die in der Tiefe ihrer Seele aufgespeichert sind.

Nach Jung ist die Nutzung dieser neuentdeckten psychischen Sphäre sowohl für die Gewinnung psychischer Gesundheit als auch zur Verwirklichung sinnvoller menschlicher Existenz wesentlich. Die Integration der bewußten und unbewußten Teile der Seele und die Verwirklichung der psychischen Ganzheit oder Fülle stellt in Jungs Sicht kein rein psychologisches Problem, sondern eine sittliche Forderung dar. Viele ältere Menschen haben diese Gedanken in ihrer praktischen Lebensgestaltung verwirklicht. Eine Frau z. B., die notwendigerweise ihre Zeit mit der Arbeit für Haushalt, Kinder und Beruf verbringen mußte, gewinnt im Alter die Freiheit, ganz neue Lebensbereiche zu entdecken: Sprachen zu lernen, Kunstgeschichte zu studieren oder sich für politische und soziale Anliegen einzusetzen. Nicht ohne Grund werden an vielen Universitäten eigene Abteilungen eingerichtet, um älteren Menschen die Möglichkeit zum ernsthaften Studium zu bieten.

Es ist nie zu spät, die unerforschten Bereiche der eigenen Persönlichkeit zu entwickeln! Geduld und ein positives optimistisches Herangehen können Wunder wirken!

Späte Leistungen

Wir haben gesehen, daß jeder Mensch in Wirklichkeit vier verschiedene Altersstufen zugleich lebt: das chronologische, das biologische, das soziologische und das psychologische Alter. Wenn wir in die Geschichte zurückblicken, entdecken wir, daß für viele große Männer und Frauen das chronologische oder biologische Alter kein Hindernis, sondern häufig sogar ein Anreiz war, eine Herausforderung anzunehmen und große Dinge zu leisten.
Schon die Griechen waren sich der Tatsache bewußt, daß trotz des Nachlassens physischen Begehrens und physischer Fähigkeiten im Alter sich im Reich der geistigen Werte ein neuer Horizont eröffnet. Am Anfang von Platos *Der Staat* begrüßt der alternde Kephalos Sokrates und berichtet ihm von seinem neuen Interesse an ernsthaften Diskussionen über die Grundprobleme des Lebens. „Für mein Teil", so sagt er, „wächst in dem Maße, wie die Befriedigungen des Leibes zerfallen, mein Verlangen nach dem Vergnügen guter Gespräche und meine Freude an ihnen."
Die einfache Tatsache, daß jemand dem Kalender nach alt ist, sollte ihn nicht veranlassen, alle Pläne für die Zukunft aufzugeben. Das Beispiel vieler berühmter Frauen und Männer, die große Dinge in hohem Alter leisteten, kann ein Anreiz sein, die Anstrengung zu steigern, im psychologischen Alter jung zu bleiben.
Viele überragende Werke der Literatur, Kunst und Wissenschaft sind von Menschen in hohem Alter geschaffen worden. Der griechische Dramatiker

Sophokles war 80 Jahre alt, als er den *Ödipus auf Kolonos* schrieb. Goethe war über 80, als er den *Faust* vollendete. Daniel Defoe schrieb, nachdem er sich in einer großen Zahl von Berufen versucht hatte, im Alter von 59 Jahren den *Robinson Crusoe.* In den folgenden 5 Jahren verfaßte er 6 weitere Romane. Immanuel Kant veröffentlichte seine *Kritik der reinen Vernunft* im Alter von 57 Jahren. Michelangelo war 70 Jahre alt, als er die Kuppel des Petersdoms vollendete. Verdi, Haydn und Händel komponierten unsterbliche Musik im Alter von über 70 Jahren. Gegen Ende ihres Lebens malten Rembrandt und Monet einige ihrer besten Bilder und Yeats schrieb großartige Gedichte. Einstein und Schweitzer waren bis ins hohe Alter hinein schöpferisch. François Mauriac erklärte den Ursprung seines letzten Romans wie folgt: „An meinem 80. Geburtstag sagte ich mir, weshalb sollte ich nicht, da ich noch weit vom Tod entfernt zu sein scheine, noch einen Roman schreiben?" Und er schrieb sein letztes Meisterwerk *Der Jüngling Alain,* das 1969 veröffentlicht wurde, als Mauriac 83 Jahre alt war. Der Roman wurde in Frankreich ein Bestseller.

Im Bereich der Politik leisteten Männer wie Churchill, Gandhi, Gladstone, De Gaulle und Adenauer im hohen Alter entscheidende Beiträge zur politischen Gestaltung ihrer Länder. Konrad Adenauer wurde 1949 im Alter von 73 Jahren deutscher Bundeskanzler. Zu einer Zeit, in der die meisten Menschen längst im Ruhestand sind, begann Adenauer eine neue, außergewöhnliche Karriere, aus der er als einer der erfolgreichsten Politiker in der modernen Geschichte hervorgehen sollte. Er blieb 14 Jahre im Amt und zog sich von der Kanzlerschaft im Alter von 87 Jahren zurück.

In zahlreichen literarischen Werken lesen wir von Männern und Frauen, die ihre wahre Größe erst nach einem langen Kampf im Alter erreichen. Sigrid Undset beschreibt in ihrem Roman *Kristin Lavranstochter* die Heldin Kristin auf vier Stufen oder in vier Dimensionen ihres Lebens: ein glückliches Kind, eine rebellische Tochter, eine entfremdete und verbitterte Frau.

Erst gegen Ende ihres Lebens gelangt Kristin nach großem Leiden zu eigentlicher Größe und zur wirklichen Höhe des Heldentums als Frau und als Christin.

Viele Menschen entwickeln im Alter ganz neue Dimensionen ihres Menschseins, Möglichkeiten, die bis dahin schliefen und während der letzten Jahre oder Monate ihres Lebens zu blühen beginnen. Zwei sehr schöne Beispiele einer solchen späten Blüte angesichts des Alters und des Todes werden in Morris Wests Roman *Des Teufels Advokat* und in dem großartigen japanischen Film *Ikiru (Leben)* dargestellt.

Im Mittelpunkt des Romans von West steht ein intellektueller englischer Prälat, der sein Leben mit Schreibtischarbeit für eine der vatikanischen Kongregationen verbracht hat. Msgr. Blaise Meredith ist ein braver Mann, dem aber seine etwas kühle Persönlichkeit hinderlich ist. In gewissem Sinne ist er ein eindimensionaler Mensch: diszipliniert, leidenschaftslos, sauber und korrekt. Seiner Persönlichkeit fehlt es an Mitleid und Liebe, an echtem

Verständnis für die Freuden und Leiden der Menschen. Eines Tages findet Msgr. Meredith heraus, daß er zum Tode verurteilt ist. Schwer an Krebs erkrankt, hat er nur noch 6 oder 12 Monate zu leben. Der Prälat wird als ein „Advocatus diaboli", als „Advokat des Teufels" in ein italienisches Dorf geschickt, um im Hinblick auf eine mögliche Heiligsprechung zu erforschen, ob die Behauptung, Giacomo Nerone habe wirklich ein Leben heroischer Heiligkeit gelebt, stimmt.

Von da an beschreibt der Roman die schrittweise Umwandlung eines alten, ausgetrockneten, theoretisierenden Bürokraten in einen warmen, verständnisvollen und liebenden Priester. Meredith lernt die tiefe Wahrheit, daß ein Mensch, der seine Mitmenschen nicht liebt, Gott auch nicht lieben kann. Dieser Mann, der sein Leben damit verbracht hat, genau, reserviert und leidenschaftslos zu sein, der zugibt, daß er nie nach irgend etwas gehungert hat, wird nun während des letzten Jahres seines Lebens persönlich in die Triumphe und Niederlagen, die Leidenschaften und Gebrechlichkeiten der Männer und Frauen eines winzigen italienischen Dorfes hineingezogen. Und am Ende des Romans kommt es gar nicht mehr darauf an, ob Giacomo Nerone wirklich ein Heiliger war und heiliggesprochen werden sollte. Wichtig ist die innere Verwandlung von Blaise Meredith, der, bevor er an Krebs stirbt, die Reichtümer seiner eigenen Menschlichkeit entwickelt hat, deren er sich vorher nie voll bewußt geworden war. Meredith hat Rom verlassen als ein Pedant mit dem Staub der Bücherei im Herzen; er stirbt als ein mitleidender, warmherziger und menschlicher Priester. *Des Teufels Advokat* sollte für jeden, der sich dem Alter nähert, zur Pflichtlektüre werden.

Der 1952 von Japans führendem Filmregisseur Kurosawa gedrehte Film *Ikiru* ist von einigen Kritikern als der größte Film aller Zeiten bezeichnet worden. Er erzählt das faszinierende Drama eines alten Mannes, der darum kämpft, seinem Leben einen Sinn zu geben, als er herausfindet, daß er an Krebs erkrankt ist und nur noch 6 Monate zu leben hat. Er hat viele Jahre als untergeordneter Bürokrat im Rathaus gearbeitet und wird sich plötzlich bewußt, daß die Leistungen seines Lebens unter dem Strich nicht viel ergeben. Von seiner Krankheit bereits geschwächt, versucht er verzweifelt, während seines letzten halben Jahres etwas für andere Leute zu tun. Mit aller ihm bleibenden Kraft treibt er eine Spielplatzplanung durch die Vielzahl der Hindernisse örtlicher Bürokratie voran. Der Spielplatz wird gebaut, und die Kinder der Nachbarschaft finden ein neues Paradies. Während dieser 6 Monate verwandelt sich der alte Bürokrat nach und nach in einen mitleidenden Menschen, dem es ernsthaft um den anderen geht. In der Schlußszene sehen wir ihn auf einer Schaukel des neuen Spielplatzes sitzen. Er schwingt langsam hin und her und summt ein melancholisches Lied. Dort stirbt er. *Ikiru* ist ein tiefergreifender Film über die Agonie und den Triumph eines alternden und sterbenden Menschen, dessen letztes Jahr zu einer machtvollen Bejahung des Lebens und der Liebe wird. Er hat den Sinn des Lebens entdeckt.

Furcht und Angst

Furcht und Angst sind Bedrohungen und Herausforderungen, die auf die meisten Männer und Frauen einstürzen, wenn sie älter werden: Furcht vor Krankheit und Tod, um die finanzielle Sicherheit und vor dem schrittweisen Verlust von Freunden, vor gesellschaftlicher Isolierung und Einsamkeit, Zweifel an der sexuellen Potenz. Wenn sich einige dieser Befürchtungen als gerechtfertigt erweisen, kann eine erschreckende Kettenreaktion in Gang kommen. Der zuvor selbstsichere Mensch wird zu einem mißtrauischen furchtsamen Bündel von Ängsten.

Der Theologe und Philosoph Kierkegaard unterscheidet Furcht und Angst. Furcht bezieht sich auf einen bestimmten und klar umschriebenen Gegenstand, der die Ursache der Furcht ist, z. B. eine Schlange oder eine Krankheit. Angst dagegen ist unbestimmt, unspezifisch, eine Stimmung, die nicht auf einen bestimmten Gegenstand gerichtet ist. Wenden wir diese beiden Termini auf die Erfahrung des Alters an, möchte es scheinen, daß das Problem der Angst viele ältere Menschen noch stärker quält als die Furcht. Es geht um eine allgemeine Stimmung der Angst, des Zweifels und der Ungewißheit, die keine klaren und bestimmten Gegenstände kennt. Der einzelne fühlt sich im Kern seiner Persönlichkeit bedroht.

Furcht und Angst haben einen ambivalenten Charakter: Sie können lähmen und zerstören, wenn der alte Mensch zuläßt, daß er von ihnen beherrscht wird. Doch sie können auch heilsam sein, wenn

man ihnen in entsprechender Weise entgegentritt und Kontrolle über sie gewinnt.
Die zerstörerische Kraft der Furcht und Angst ist eindrucksvoll in dem japanischen Film *Ich lebe in Furcht (I Live in Fear)* dargestellt worden. Der ältliche Präsident einer Stahlgesellschaft im Nachkriegsjapan wird plötzlich von der Furcht ergriffen, sein Land werde durch Atombomben ausgelöscht. Er versucht, seine Familie von dem unmittelbar bevorstehenden Unglück zu überzeugen. Er will die Fabrik verkaufen und nach Südamerika ziehen, wird aber von seinen Verwandten daran gehindert. Sie halten seine Furcht für unbegründet. Doch der alte Mann läßt sich von seinen Befürchtungen so beherrschen, daß er schließlich, um seine Familie zu zwingen, mit ihm ins Ausland zu fliehen, die eigene Fabrik in Brand setzt und diese bis auf die Grundmauern abbrennt. In einem ergreifenden Bekenntnis gesteht der alte Mann seine Motive ein: „Ich habe Angst, hoffnungslose Angst, und ich bin meiner Angst gegenüber hilflos. Ich kann nichts daran tun, und mein Leben ist zu einer lebendigen Hölle geworden."
Angst und Bedrohung können aber auch eine positive Rolle im Leben eines Menschen spielen, indem sie ihn aus der Lethargie wecken und ihn zwingen, sein wirkliches Selbst mit seinen Beschränktheiten und seiner Gebrechlichkeit, aber auch mit seinen gewaltigen Möglichkeiten ins Auge zu fassen. Der junge Mensch neigt dazu, sich allzu sehr auf sich selbst zu verlassen. Er ist sich seiner Beschränktheit und seiner letzten Abhängigkeit von Gott nicht genügend bewußt. Die Angst des Alters kann ei-

nem Menschen bewußt machen, daß er in seinem eigenen Geschaffensein und seiner Beschränktheit wirklich am Rande eines drohenden Abgrundes steht und nur von der Kraft eines dauernden, göttlichen Schöpferwillens bewahrt und getragen wird. Furcht und Angst werden dann zur heilsamen Erfahrung und zur Herausforderung, die Wahrheit über sich selbst klar ins Auge zu fassen.

Kierkegaard geht so weit, jene zu verspotten, die angeben, sie hätten nie die Erfahrung der Angst gemacht. Sie hätten noch nicht begonnen, als wahre Menschen zu existieren. Denn die Angst steigt aus dem Bewußtsein der Freiheit auf und ist so der ursprüngliche Ausdruck des Menschen als Person. Die Erfahrung der Angst könnte also verstanden werden als Angst angesichts der Freiheit. Angst also ist ein Signal dafür, daß der Mensch seine Existenz wagen muß und die durch die Angst mobilisierten Kräfte – denn durch die Erfahrung der Angst kommt der Mensch in Bewegung – für etwas oder jemanden, für eine Aufgabe, eine Sache, einen anderen Menschen, für Gott einsetzt. So kann er die Erfahrung der Angst positiv gestalten, indem er über sich selbst hinausgelangt.

Kierkegaard sieht in dem Erlebnis der Angst einen höchst positiven Prozeß, der notwendig ist, damit der Mensch die begrenzten Sorgen des Alltagslebens übersteigt und sich nach dem Jenseits ausstreckt. In diesem Sinne kann er sagen, daß das Erlernen des Sich-bedroht-Wissens ein Abenteuer ist, dem jeder Mensch begegnen muß, wenn er dem Untergang entrinnen soll, und daß der Mensch, der es richtig gelernt hat, in der Bedro-

hung zu stehen, das Wichtigste von allem gelernt hat.
Mit einem Zitat von Hamann, dem er zustimmt, beschreibt Kierkegaard die Angst als den Ausdruck eines Fehlenden, das uns hindert, uns in die Welt zu verlieben. Wir fühlen ein gewisses Heimweh und eine gewisse Unsicherheit, und das wird für uns zu Feuer und Salz, die uns vor dem Verfaulungsprozeß dieser Zeit bewahren. Der Mensch kann die Angst angesichts des Schicksals nur dadurch überwinden, daß er sich selbst der liebenden Vorsehung Gottes anvertraut. Und er kann die Angst im Hinblick auf die Schuld nur überwinden durch Reue und Buße.
Auch in der modernen Literatur ist die Angst oft als eine rettende Erfahrung beschrieben worden. Was bei Kierkegaard eine verhältnismäßig trockene theoretische Behandlung erfuhr, findet eine lebendige dramatische Beschreibung in dem literarischen Werk einer Gertrud von le Fort und eines Georges Bernanos. Gertrud von le Fort beschreibt in ihrer Novelle *Die Letzte am Schafott* ein französisches Mädchen zur Zeit der Revolution. Blanche ist voller Angst, und als sie in ein Kloster eintritt, zögern die Nonnen gerade wegen ihrer außerordentlichen Ängstlichkeit, sie aufzunehmen. Das starke Selbstvertrauen der anderen Nonnen angesichts des drohenden Märtyrertodes unter den Händen der Revolutionäre erscheint in deutlichem Kontrast zu der Ungewißheit der jungen Novizin. Die Erfahrung ihrer eigenen Schwäche und Angst führt Blanche Schritt um Schritt zu tieferer Demut und zum Vertrauen in Gottes Vorsehung. Aus der

Schwäche erwächst die Macht und Stärke der Gnade Gottes. Und so wird in einem typisch Kierkegaardschen Weg die Bedrohung für sie zur rettenden Erfahrung durch den Glauben. Als die anderen sechzehn Karmeliterinnen ihren letzten Weg auf das Schafott beendet haben, fühlt sich Blanche plötzlich von allen Ketten der Furcht und Ungewißheit befreit und tritt entschlossen aus der anonymen Menge der Zuschauer vor. Sie singt das *Veni Creator* weiter, das ihre Schwestern nur halb beendet hatten, als der Tod ihre Lippen schloß. Und mutig sieht sie dem Märtyrertod aus den Händen der hysterischen Revolutionsweiber entgegen. Bernanos schrieb eine Bühnenfassung von Gertrud von le Forts Novelle *Dialogues des Carmélites.* Die Leitidee von Bernanos ist sehr schön in dem glücklichen Titel der deutschen Fassung *Die begnadete Angst* ausgesagt.

Die Worte des Titels können wohl als die kürzeste Formulierung einer christlichen Interpretation der Angst angesehen werden: Angst ist für den Gläubigen eine gesegnete und heilbringende Erfahrung.

Mit Sorgen fertig werden

Sich Sorgen machen scheint ein sehr beliebter Zeitvertreib alternder Menschen zu sein. Sie sorgen sich um die Vergangenheit, sie sorgen sich um die Gegenwart, und sie sorgen sich um ihre Zukunft und die der Kinder und Verwandten. Sogar viele gute Christen scheinen sich nicht bewußt zu sein, daß ihr Glaube ihnen helfen könnte, sie von zahlreichen, unnötigen Sorgen zu befreien, die ihr Leben jetzt schwieriger machen, als es sein müßte. Ich fragte einmal einen älteren japanischen Konvertiten, welcher Aspekt des Christentums ihn auf seinem Wege zum Glauben besonders angesprochen habe. Ohne Zögern nannte dieser Mann die Stelle der Bergpredigt: „Sorgt euch nicht um euer Leben und darum, daß ihr etwas zu essen habt, noch um euren Leib und darum, daß ihr etwas anzuziehen habt" (Mt 6,25). Er sagte: „Ich hatte eine gewaltige Menge Zeit während meines Lebens damit verbracht, mich um all diese Dinge zu sorgen. Ich konnte mich niemals wirklich gelöst und glücklich fühlen, weil ich mich immer um irgend etwas sorgte, Sorgen um die Arbeit, Sorgen um meine Gesundheit, Sorgen um meine Kinder, Sorgen um meine Zukunft, Sorgen um mein Altwerden. Dann las ich diese Stelle aus der Bergpredigt über die Vorsehung Gottes, der sich sogar um die Vögel am Himmel und die Lilien auf dem Feld kümmert. Plötzlich fühlte ich mich so friedvoll und befreit von all meinen Ängsten und meiner Furcht, da ich wußte, daß Gott auch für mich sorgt. Mir wurde klar, daß ich mit all meinen Sorgen mein Leben nur elend gemacht hatte."

Sorgen wir uns nicht alle um allzuviel Dinge und ganz besonders um die falschen Dinge? Christus will, daß wir freudige Christen sind, keine mißmutigen, die voller Probleme und Sorgen herumwandern. Und er zeigt uns auch, wie wir uns von quälenden Gedanken und Ärger freimachen können. Die befreiende Kraft ist Jesus Christus selbst.

„Kommt alle zu mir, die ihr euch plagt und schwere Lasten zu tragen habt. Ich werde euch Ruhe verschaffen. Nehmt mein Joch auf euch und lernt von mir; denn ich bin gütig und von Herzen demütig; *so werdet ihr Ruhe finden für eure Seele"* (Mt 11, 28–29). Der heilige Petrus hatte den Gedanken von Gottes vorsehender Sorge und der befreienden Macht Christi tief begriffen, als er schrieb: „Werft alle eure Sorge auf ihn, denn er kümmert sich um euch" (1 Petr 5, 7). Im Glauben, in Vertrauen und Hoffnung und in enger persönlicher Vereinigung mit Christus können wir erfahren, wie er hilft, unsere Last zu tragen und uns von unseren Sorgen zu befreien.

Mit dem Unerwarteten fertig werden

Häufig wird eine Krise bei alternden Menschen durch die plötzliche Begegnung mit etwas Unerwartetem ausgelöst. Sie sind nicht bereit, ihm entgegenzutreten. Oft kommen sie nie über eine Enttäuschung hinweg. Für den Rest ihres Lebens erzählen sie jedem, der ihnen Gehör schenkt, welch schreckliche Ungerechtigkeit ihnen widerfahren ist. Manchmal ist der Schuldige, den sie wegen ihrer Krankheit oder ihres Unglücks anklagen, der allmächtige Gott selbst.
Georges Bernanos hat uns im *Tagebuch eines Landpfarrers* das klassische Porträt einer Frau gegeben, die sich wegen eines völlig unerwarteten Ereignisses, dem Tod ihres Sohnes, gegen Gott verbittert. In einem ergreifenden Dialog mit ihrem

Pfarrpriester bekennt die Gräfin kühn, daß sie Gott niemals vergeben hat, weil er ihr den Sohn nahm. In ihrer Bitterkeit haßt sie ihn, den sie für den Verlust ihres Sohnes verantwortlich macht. Sie entfremdet sich ihre eigene Tochter und treibt sie bis an den Rand des Selbstmordes. Der Priester, der mit der Agonie dieser gequälten Frau Mitleid hat, sagt ruhig, daß sie ihre Faust Gott entgegenschütteln könne, daß sie ihm ins Gesicht spucken, ihn geißeln und ihn schließlich kreuzigen könne, aber letzten Endes komme es darauf nicht an, denn all das sei ihm bereits widerfahren. Am Rande des Todes erkennt die Gräfin endlich, daß es „die Hölle ist, nicht mehr zu lieben". Sie hatte sich selbst von Gott in Bitterkeit und Haß isoliert und so ihre eigene Hölle auf Erden geschaffen. Aber sogar für sie liegt die letzte Antwort in den unvergeßlichen Worten, mit denen das *Tagebuch eines Landpfarrers* schließt: „Alles ist Gnade!" Die göttliche Gnade bricht schließlich durch die harte Schale ihres Herzens und entfacht von neuem die Gluten der Liebe.

Alte Menschen fragen häufig: „Was habe ich getan, um dies zu verdienen?" Sie glauben, Gott bestrafe sie für ihre Sünden. Doch aus Gottes Selbstoffenbarung im Neuen Testament wissen wir mit Gewißheit, daß unser Gott kein rachsüchtiger Gott ist. Christus litt mehr als irgendein anderer Mensch, und er „verdiente" es gewiß nicht. Welche Frau machte größeres Leid durch als unsere Liebe Frau, und sie tat nichts, um das zu „verdienen". Die größten Schmerzen auf dieser Erde wurden freiwillig aus Liebe erlitten.

Ich habe viele alte Menschen ihre „Geschichte" erzählen hören, wie Gott oder ihre Mitmenschen sie im Stich ließen. Sie scheinen anzunehmen, ihr Glaube sei dazu da, um in etwa so wie die Sozialversicherung zu funktionieren: Ich gehe regelmäßig sonntags zur Messe, bezahle meine Kirchensteuer, bete morgens und abends, und als Gegenleistung dazu muß Gott seinen Teil tun und dafür sorgen, daß alles gut geht und daß meine letzten Lebensjahre ganz glücklich und glatt verlaufen.
Es ist natürlich ganz klar, daß das Leben nicht so ist. Diejenigen, die sich sehr bemüht haben, Gott während des früheren Teils ihres Lebens zu dienen, scheinen ganz besonders der Gefahr ausgesetzt, in ihren späteren Jahren in unerwartete Schwierigkeiten zu geraten, wie z. B. die Geschichte Ijobs zeigt. Die richtige Haltung und die geeignete Vorbereitung – so weit man jemals ausreichend vorbereitet sein kann – ist ein starker Glaube, daß Gott der absolute Herr ist und wir wissen dürfen, daß er für uns das Beste will.
Ich habe einmal ein ergreifendes Beispiel eines solchen ursprünglichen christlichen Glaubens an die absolute Herrschaft Gottes und eines Vertrauens in die geheimnisvollen Wege der göttlichen Vorsehung erlebt. Während meines Aufenthalts in Südvietnam besuchte ich das katholische Flüchtlingslager von Honai in der Nähe von Bien Hoa. In gewissem Sinne hatte ich Glück, daß ich überhaupt nach Honai kam, denn gerade, nachdem ich von Bien Hoa abgefahren war, ließ der Vietcong in dem Haus, in dem ich wohnte, eine Bombe explodieren. In dem Flüchtlingslager lebten etwa 30 000

Katholiken, die aus dem kommunistisch beherrschten Nordvietnam geflohen waren, nachdem das Genfer Übereinkommen das Land in zwei Teile gespalten hatte. Zu dem Zeitpunkt waren etwa 1,2 Millionen Nordvietnamesen in den Süden geflohen, darunter etwa 800000 Katholiken.

Die meisten dieser Flüchtlinge in Honai waren wohlhabende Bauern gewesen. Doch als sie erkannten, daß ihr Teil des Landes kommunistisch geworden war und sie folglich nicht mehr die Erlaubnis haben würden, ihren Glauben frei auszuüben und ihren Kindern eine religiöse Erziehung zu geben, brachten sie das gewaltige Opfer, ihre Höfe und Gärten, ihre Häuser und all ihr Eigentum zu verlassen. Sie flohen in den Süden und mußten mit nichts neu beginnen. Die südvietnamesische Regierung siedelte sie mitten in einem großen Wald an. Sie begannen die Bäume zu schlagen, um ihre kleinen Hütten zu bauen. Als ich durch das Honai-Lager ging, zählte ich zu meinem Erstaunen auch 24 Kapellen, und das waren die schönsten Gebäude von allen. Sogar an den Werktagen waren sie voll von Flüchtlingen, und es war für mich eine der ergreifendsten religiösen Erfahrungen, ihre Stimmen zu hören, wie sie beteten und sangen – Stimmen, die nicht die Nöte und Leiden verbergen konnten, durch die sie hindurchgegangen waren, und doch zur selben Zeit Stimmen, die einen tiefen, reifen Glauben, Hoffnung und christliche Freude ausdrückten.

Im Gespräch mit einem älteren Zimmermann in diesem Flüchtlingslager erfuhr ich, wie unvorhersehbar und schwierig sein Leben geworden war. Er hatte sein Haus in Nordvietnam verloren. Nach der Flucht aus dem kommunistischen Teil des Landes, baute er sich ein neues Haus in einem Dorf nördlich von Saigon. Eines Tages kam der Vietcong und brannte es nieder. Er erzählte mir, daß er erst kürzlich in Honai angekommen sei und jetzt wieder mit nichts beginne. Mir erschien dieser vietnamesische Zimmermann wie Ijob im Alten Testament. Ich konnte die Spuren des Leidens und der Qual in seinem faltigen Gesicht erkennen. Ihm waren nur seine zwei Hände geblieben zur Arbeit und – das macht den entscheidenden Unterschied aus – sein tiefes Vertrauen in Gott. Während er mir seine Geschichte erzählte, hörte ich kein Wort der Klage. Dieser Mann war Gott dankbar für den Weg, den er ihn geführt hatte, und der Geist christlicher Freude hatte über Enttäuschung und Niedergeschlagenheit gesiegt.

Seit meiner Begegnung mit diesem vietnamesischen Zimmermann ist er für mich der Urtyp eines wirklichen Christen geworden: ein Mann, der glaubt, daß Gott ein liebender und voraussehender Vater ist, aber auch der absolute Herr seines Lebens, und der glaubt, daß ein Christ für das Unerwartete im Leben offenbleiben muß, bereit, den Willen Gottes sogar dann zu tun, wenn das, menschlich gesprochen, Katastrophe und Immerneu-Beginnen bedeutet.

Und dies nicht deshalb, weil Gott dem einzelnen das Leid als Prüfung auferlegt, sondern weil er dem Menschen seine heilende und rettende Hand auch im Leid nicht entzieht. So werden Leiderfahrungen Chancen, an denen der Mensch innerlich reifen und wachsen kann, geht er an Gottes Hand durch das Leid hindurch. Es schmälert oder reduziert nicht das Leid und die leidvollen Erfahrungen, wohl eröffnet es ein Wozu. Wozu, wofür es einen Sinn hat, sich dem Leid entgegenzustellen und ihm Leben abzutrotzen.

Als ich auf der staubigen Straße von Honai nach Saigon zurückfuhr und über den Mut und den Glauben der nordvietnamesischen katholischen Flüchtlinge nachdachte, konnte ich nicht umhin, an etwas anderes zu denken, was sich viele Jahrhunderte zuvor ereignet hatte: Gott rief Abraham aus seinem Geburtsland heraus in eine ungewisse Zukunft. Abraham war bereits ein alter Mann als Gott ihn rief. „Zieh weg aus deinem Land, von deiner Verwandtschaft und aus deinem Vaterhaus in das Land, das ich dir zeigen werde ... Da zog Abram weg, wie der Herr ihm gesagt hatte ... Abram war fünfundsiebzig Jahre alt, als er aus Haran fortzog ... Sie wanderten nach Kanaan aus und kamen dort an" (Gen 12,1–5). Auch in Abrahams Leben war Gott der absolute Herr, dessen Wille bestimmend war, wenn immer der Patriarch eine wichtige Entscheidung zu treffen hatte. Und Gott verlangte große Dinge von Abraham, wie er sie von den Katholiken in Vietnam verlangte. Beide, Abraham und mein Zimmermannsfreund in Honai, wurden in ihrem Alter auf einem unerwarteten und schwierigen Weg zur Reife und Fülle des Glaubens geführt.

Vielleicht mögen viele alte Frauen und Männer sagen, sie hätten niemals wirklich gefühlt, daß Gott ihnen so nahe sei, und noch weniger, daß Gott zu ihnen zu sprechen scheine, wie er zu Abraham sprach. Doch Abraham war bereits ein sehr alter Mann, bevor er von Gott aufgerufen wurde, sein wesentliches Werk zu leisten. Wenn alte Menschen die Geduld haben, ein Leben des Glaubens und der Offenheit für Gott zu leben, werden sie seinen Ruf in vielen Dingen und Situationen erkennen, wo sie früher für diesen Ruf taub waren. Und manchmal wird Gott sehr schwierige Dinge von ihnen verlangen. Werden sie den Glauben und den Mut Abrahams haben?

Mit dem Leiden fertig werden

Dem alternden Menschen wird intensiv bewußt, wozu jeder Christ in gewissem Maße während seines ganzen Lebens aufgerufen ist: an Christi Leiden und erlösenden Schmerzen teilzuhaben und von Christi Auferstehung und Herrlichkeit Zeugnis zu geben. In den Leiden des Alters erfährt der Mensch in neuer Weise die Bedeutung der Worte Christi: „Wenn das Weizenkorn nicht in die Erde fällt und stirbt, bleibt es allein; wenn es aber stirbt, bringt es reiche Frucht" (Joh 12,24). Für einen gläubigen Menschen sind die Ängste und die Agonie der Altersleiden ebenso qualvoll und wirklich wie für jeden anderen. Er weiß aber, daß Christus niemals das Paradies auf Erden versprochen hat. Im Gegenteil, er sagte dem heiligen Petrus voraus, was ihm im Alter widerfahren würde: „Amen, amen, das sage ich dir: Als du noch jung warst, hast du dich selbst gegürtet und konntest gehen, wohin du wolltest. Wenn du aber alt geworden bist, wirst du deine Hände ausstrecken, und ein anderer wird dich gürten und dich führen, wohin du nicht willst" (Joh 21,18). Viele alternde Männer und Frauen erfahren schmerzlich in ihrem Alter, daß sie nicht gehen können, wohin sie wollen, und daß sie dorthin gehen müssen, wohin sie „nicht gehen wollen".

Von Zeit zu Zeit erfahren alternde Männer und Frauen die Angst und Agonie völliger Trostlosigkeit, und sogar der Gedanke an Gottes Vorsehung bietet ihnen nicht den geringsten Trost, weil Gott selbst zu schweigen scheint. Shusaku Endo, der führende katholische Schriftsteller Japans, hat solche äußerste Agonie in seinem Roman *Schweigen* beschrieben. Der Titel bezieht sich auf das Schweigen Gottes angesichts des äußersten menschlichen Leidens. Endo beschreibt die Angst der katholischen Japaner, die in der großen Verfolgung des frühen 17. Jahrhunderts mit dem Kopf nach unten aufgehängt und in eine Grube mit stinkendem Kot hinabgelassen wurden. Einige Märtyrer durchlebten eine solche Agonie mehrere Tage lang und hielten vor dem Angesicht eines anscheinend schweigenden Gottes an ihrem Glauben bis in den Tod hinein fest.

Für viele alte Menschen kommt einmal der Zeitpunkt, wo die Einsamkeit oder das physische Leiden wahrhaft unerträglich erscheinen. Als ich als Kaplan an einem New Yorker Krankenhaus arbeitete, bin ich oft solchen Patienten begegnet, und es war ergreifend, den heldenhaften Mut zu sehen, mit dem sie das anscheinend Unerträgliche ertrugen. Ein entscheidendes Motiv und eine tiefe

Kraftquelle war für diese Menschen der Glaube an die Macht stellvertretenden Leidens – die Gewißheit, daß ein willig angenommenes und ertragenes Leiden in der Vereinigung mit dem Leiden Christi eine erlösende Kraft für die Rettung anderer Menschen haben kann. Dieser paulinische Gedanke kann eine Hilfe für einen alternden und leidenden Menschen sein. Sich in liebender Sorge anderen zuzuwenden, ist vielleicht der beste Weg, das eigene Elend zu transzendieren.

Ich werde niemals einen Abend in einem New Yorker Krankenhaus vergessen, als eine ältere, an Krebs leidende Frau mir erklärte, was die folgenden zwei Paulusstellen für sie bedeuteten: „Sind wir aber in Not, so ist es zu eurem Trost und Heil" (2 Kor 1,6) und: „Jetzt freue ich mich in den Leiden, die ich für euch ertrage" (Kol 1,24). „Diese zwei Schrifttexte", so sagte sie, „geben meiner Krankheit einen tiefen Sinn. Ich kann mein Leiden für andere Leute aufopfern und ihnen auf diese Weise helfen, ihr Heil zu wirken. An dieses Krankenhausbett gebunden, kann ich immer noch anderen Leuten helfen, zum Glauben zu kommen und die Hoffnung und Freude zu haben, die Jesus Christus dem schenkt, der an ihn glaubt. Zur gleichen Zeit ist dieses langsame Sterben, zu dem mich meine Krankheit verurteilt hat, für mich leichter geworden, da ich den Sinn im Leiden zu sehen begann."

Die Erfahrung des Leidens im Alter gewinnt ihre tiefste Bedeutung, wenn es gesehen und angenommen wird als Teilhabe an der Agonie Christi in Getsemani und am Kreuze. Sein ganzes Leben lang geht der Christ in den Fußstapfen seines Meisters, doch möchte es scheinen, daß vielen Christen erst im Alter der Zugang zu einer vollen Teilhabe an der Agonie der letzten Tage Christi auf Erden möglich wird.

Christus kostete die Bitterkeit der Einsamkeit und die Angst drohender Schmerzen im Garten Getsemani in einem solchen Maße, daß er rief: „Mein Vater, wenn es möglich ist, gehe dieser Kelch an mir vorüber" (Mt 26,39). Der Evangelist Lukas fügt eine Beobachtung hinzu, die die ganze Tiefe des Leidens Christi offenbar macht: „Und er betete in seiner Angst noch inständiger, und sein Schweiß war wie Blut, das auf die Erde tropfte" (Lk 22,44). Und dann die quälenden Worte am Kreuze: „Mein Gott, mein Gott, warum hast du mich verlassen?" (Mt 27,46). In der Qual seines Leidens und Sterbens erfährt Christus die Beschränktheit und Gebrechlichkeit der menschlichen Natur in äußerster Weise. Doch durch all das scheint der Glanz und die Herrlichkeit Gottes hindurch: „Aber nicht wie ich will, sondern wie du willst" (Mt 26,39) und: „Vater, in deine Hände lege ich meinen Geist" (Lk 23,46).

In der Erfahrung des Leidens hat der alternde Mensch die Möglichkeit, zu einem tieferen Verständnis der Angst und des Leidens Christi zu gelangen, an dem Schicksal seiner letzten Tage auf Erden teilzuhaben und einen Vorgeschmack der Auferstehung und des kommenden Lebens zu gewinnen.

Der Christ weiß, wie wirklich die Agonie seines Alters auch sein mag, von dem engen Zusammenhang zwischen dem Leiden und der Herrlichkeit, der Passion und der Auferstehung. Der hl. Petrus sagte es so: „Eure Ältesten ermahne ich, da ich ein Ältester bin wie sie und ein Zeuge der Leiden Christi und auch an der Herrlichkeit teilhaben soll, die sich offenbaren wird" (1 Petr 5,1). Letzten Endes weiß der alternde Christ, daß das Alter kein Ende, sondern ein Anfang und daß jenseits vom Untergang des Todes der Aufgang des nie endenden Lebens ist.

Freude finden

Der Mensch ist geschaffen, um sich zu freuen, und er muß Freude erfahren, wenn er zur vollen Menschlichkeit gelangen will. Viele alternde Leute machen sich ihr Leben unnötig schwer, weil sie blind für die Gaben sind, die ihnen dieses Lebensalter bietet: die Freude an der Kunst, an Musik und Literatur, am geselligen Beisammensein – vielleicht entdeckt der eine oder andere auch von neuem den Glanz und die Schönheit der Schöpfung Gottes.

Der ältere Mensch wird zudem überrascht sein, wieviel Freude man aus dem einfachen Bemühen gewinnt, zu anderen freundlich zu sein und für diejenigen da zu sein, die ihn brauchen. Weil ein alternder Mensch ein feineres Gefühl und Empfinden für die ihm erwiesenen Freundlichkeiten entwickelt, ist er in der Lage, sich intensiv in die Bedürfnisse anderer einzufühlen.

Eine wachsende Zahl älterer Menschen nimmt mit

großem Gewinn an Bibelkursen teil, die in zahlreichen Pfarren im Rahmen der Erwachsenenbildung angeboten werden. Sie entdecken die Heilige Schrift in einer neuen Tiefe und mit einem Verständnis, das sie vorher nie gekannt haben. „Evangelium" bedeutet „Frohe Botschaft". Ein Mensch, der das Evangelium voll Freude liest, tut das in dem Geist, in dem es geschrieben wurde.

Gott tut alles in seiner Macht Stehende, um uns mit seiner tiefen, unendlichen Freude zu erfüllen. Christus weist wiederholt auf die Vorsehung seines himmlischen Vaters hin, um seinen Jüngern alle Angst und Furcht zu nehmen. Er ermutigt uns, uns nicht zuviel Sorgen zu machen und ganz besonders nicht um die falschen Dinge. Sogar in der Nacht seines eigenen Leidens und angesichts seines drohenden Todes betont Christus noch einmal, daß das Leben des Christen freudig sein soll: „Dies habe ich euch gesagt, damit meine Freude in euch ist und damit eure Freude vollkommen wird" (Joh 15,11). Der hl. Paulus wiederholt immer wieder, daß der christliche Glaube eine frohe Botschaft ist. Freude ist für ihn das Zeichen, daß jemand den wahren Glauben hat; Freude ist die Frucht des Heiligen Geistes. „Freut euch im Herrn zu jeder Zeit! Noch einmal sage ich: Freut euch!" (Phil 4,4). Manch einer mag nun vermuten, der hl. Paulus müsse ein geruhsames und sicheres Leben geführt haben, außerhalb der Ängste und Nöte des menschlichen Alltagslebens. Doch ihm war menschliches Leiden nicht fremd. Er kannte die harte Wirklichkeit eines gehetzten Lebens in der Verfolgung. Die Worte über „das Sich-Freuen im

Herrn" wurden nicht unter einem grünen Baum an einem hellen römischen Frühlingsmorgen oder am Schreibtisch eines komfortabel eingerichteten Hauses geschrieben, sondern in einer Gefängniszelle, in der er auf seine Gerichtsverhandlung wartete (Phil 1,12–16). Der hl. Paulus hat die zentrale Botschaft Christi zutiefst verstanden, und so kann er über das schöne christliche Paradoxon schreiben, daß inmitten der Einsamkeit, der Angst und Qual im Glauben sein Herz voll Freude ist.

Im Glauben reifen

Wenn der Mensch älter wird, werden viele Dinge, die für ihn selbstverständlich waren, in Frage gestellt: die Arbeit, die Gesundheit, die Sexualität, die wirtschaftliche Sicherheit – alles erscheint plötzlich weniger beständig und sicher, auch Zweifel am Glauben tauchen auf.

Viele ältere Menschen, die immer nach ihrem christlichen Glauben lebten, werden von Schrekken erfüllt, wenn sie in ihrem Alter plötzlich vor einer tiefen Glaubenskrise stehen. Häufig erkennen sie in dieser Erfahrung nicht das, was es ist: eine letzte von Gott gegebene Gelegenheit, durch Dunkelheit und Zweifel hindurch zu einem reiferen und liebenderen Glauben zu wachsen. Der Glaube schenkt nicht immer die innere Erfahrung des Trostes und der Freude, vielmehr führt er oft auch den Menschen durch Täler voller Nebel und Dunkelheit.

Während meiner Studienjahre machte ich eine

persönliche Erfahrung, in der ich später einen symbolischen Ausdruck unseres Glaubenslebens zu sehen lernte.
Ich gehörte zu einer Gruppe von Studenten, die in München studierten, und wir verbrachten unsere Sommerferien in den Schweizer und österreichischen Alpen. Eines Tages beschlossen wir, die Schesaplana in Österreich zu besteigen, einen 2964 m hohen Berg. Gegen 5 Uhr morgens begannen wir zu klettern. Als wir höher und höher stiegen, gelangten wir in einen dunklen Nebelsee. Der Nebel wurde so dicht, daß wir nicht einmal 10 m voraus den Weg erkannten. Natürlich sahen wir den Gipfel nicht. Jedesmal, wenn wir uns ein paar Minuten ausruhten, wurden weniger Worte gesprochen, aber man konnte in unseren Augen die wachsenden Zweifel lesen: War es überhaupt möglich, weiterzugehen? Und würde es sich lohnen, den Gipfel der Schesaplana zu erreichen, wenn er von Nebel bedeckt war? Die einzige Garantie, die wir hatten, war das Wort eines Freundes, der uns unten im Tal den Weg zum Gipfel beschrieben hatte. Dort sollten wir eine großartige Alpensicht haben.
Wenn wir auch entmutigt und erschöpft waren, beschlossen wir doch, weiterzuklettern. Und dann geschah das Unerwartete; plötzlich brachen wir durch die Mauer dicken Nebels und befanden uns über der Wolkendecke. Von oben schien die blendende Sonne so strahlend, daß wir unsere Augen schließen mußten. Vor uns, beinahe in Reichweite, lag der Gipfel des Berges – um uns herum die schneebedeckten Gipfel der Alpen. Weit reichte

unser Blick nach Italien, die Schweiz und Deutschland hinein – ein majestätischer Anblick von überwältigender Schönheit, der bei weitem alles übertraf, was wir je gesehen hatten. Und unter uns bedeckten und verdunkelten graue Nebelwolken die Alpentäler.

Als ich später über dieses Ereignis in den Alpen nachdachte, lernte ich darin ein treffendes Symbol unseres Glaubenslebens zu sehen. Wir müssen auch häufig viele Stunden lang durch Nebel wandern, und wir sehen weder das Ziel, auf das wir zugehen, noch haben wir irgendeine andere Garantie für seine Wirklichkeit als das unfehlbare Wort Jesu Christi, dem wir glauben. Zweifel steigen in unseren Herzen auf; der Weg ist steil; wir sind müde und erschöpft. Häufig schauen wir ins Tal zurück und sind versucht, aufzugeben und zurückzukehren. Sollten wir uns nicht damit zufriedengeben, dort zu leben? Da wir so wenig von dem wissen, was uns auf dem Gipfel erwartet, lohnt es da wirklich die Mühe?

Ganz entschieden *ja,* denn inmitten all dieser Zweifel gibt es eine Stimme, die uns drängt, weiterzuklettern, und die uns von der majestätischen Schönheit berichtet, die jenseits des Nebels liegt, einer Schönheit, die unsere höchsten Erwartungen übersteigen wird. Wie der hl. Paulus sagt, erwartet uns dort, „was kein Auge gesehen und kein Ohr gehört hat, was keinem Menschen in den Sinn gekommen ist: das Große, das Gott denen bereitet hat, die ihn lieben" (1 Kor 2,9).

Die Erfahrung von Dunkelheit, Dürre und nebliger Stunden kann für unser Glaubensleben eine tiefe

Bedeutung haben. Sie kann uns helfen, im Glauben zu wachsen. Wenn wir immer einen tiefen Trost im Gebet, in der Messe und in unserem ganzen geistlichen Leben erführen, wäre es leicht, religiös zu sein. Gott läßt uns durch die grauen Schatten des Nebels und der Wolken nur mit dem Licht des Glaubens gehen. Der hl. Paulus betont den Unterschied zwischen dem gegenwärtigen Leben und der Zukunft: „Jetzt erkenne ich unvollkommen, dann aber werde ich durch und durch erkennen" (1 Kor 13,12).

Unsere Beziehung zu Gott gleicht in vieler Hinsicht unserer Beziehung zu anderen Menschen. Wenn ein Mensch uns liebt und uns mit beständiger Aufmerksamkeit überschüttet, ist es nicht schwer, seine Liebe zu erwidern. Es kostet uns weder große Anstrengung noch beweist es, daß unsere Liebe wirkliche Tiefe hat. Doch wenn es einmal zu einer Krise kommt und wir nicht mehr die Wärme und Aufmerksamkeit eines geliebten und liebenden Menschen fühlen, wenn Mißverständnisse aufkommen und alle Freude und aller Trost der ersten Liebe verflogen sind, wenn statt Nähe Distanz spürbar wird, dann haben wir Gelegenheit zu erkennen wie tief unsere Liebe wirklich ist.

Unser Glaube an Gott macht während der verschiedenen Lebensstufen eine ähnliche Entwicklung des Wachsens und Reifens durch. Eine Glaubenskrise kann für uns äußerst bedeutsam werden. Sie fordert uns auf, Entscheidungen zu treffen, unsere Religion zu einem persönlicheren Besitz und unseren Glauben zu einem persönlicheren Einsatz zu machen. Manchmal bedeutet eine Glaubenskrise einfach, daß wir allzu lange im vorhergehenden Stadium der Entwicklung unseres Lebens stehengeblieben sind. Auf jeder Stufe unseres Lebens müssen wir uns neu zu Jesus Christus bekennen, oder besser, wir müssen unser grundlegendes Bekenntnis zu ihm im Lichte einer jeden neuen bedeutsamen Erfahrung erneuern.

Josef Goldbrunner, ein bekannter Münchner Katechet und Psychologe, bietet uns einen glücklichen Vergleich zu dem Bekehrungsprozeß eines Menschen, den wir auch auf das schrittweise Wachsen im Glauben anwenden können: „Dieser lebenslange Bekehrungsprozeß wirkt wie das beständig wiederholte Streichen eines Magneten über Eisen, so daß mit der Zeit alle Moleküle sich in ein und derselben Richtung gruppieren." Wenden wir dieses Bild an, so könnte man sagen, daß in dem lebenslangen Prozeß erneuerter Glaubensbemühung der Mensch alle Moleküle seines Seins – also all die täglichen und alltäglichen Erfahrungen wie die großen Ereignisse und Begebenheiten – im Glauben, in der Hoffnung und in der Liebe in Richtung auf den dreieinigen Gott und in liebender Sorge für die Mitmenschen gruppieren sollte.

Das Alter, so will uns scheinen, besitzt eine besondere Bedeutung für das Wachstum und die Entwicklung unseres Glaubens. Diese letzte Krise des Glaubens kann den Menschen auffordern, sich auszustrecken und ein letztes Bemühen zu leisten, um die volle Reife des Glaubens und der Liebe zu verwirklichen. Ich bin einigen überzeugten Katholiken begegnet, die schreckliche Kämpfe durchstehen mußten, um ihren Glauben während der letzten Wochen ihres Lebens zu behalten. Selbst eine große Heilige wie Therese von Lisieux durchlitt eine wirkliche Agonie des Zweifels, der Ungewißheit, der Dunkelheit und inneren Leere auf ihrem Sterbebett. Ihre Schwestern waren zutiefst erschrocken, von einem so heiligmäßig lebenden Menschen das Eingeständnis zu hören, daß sie „von den schlimmsten Versuchungen des Atheismus befallen“ würde. Es scheint, Gott bietet häufig dem Menschen in seinen allerletzten Lebenstagen eine Gelegenheit zu heroischem Glauben und heroischer Liebe.

Einen Sinn finden

Eines der entscheidenden Probleme alternder Menschen ist der erschreckende Gedanke, daß sie vielleicht eines Tages an ihrem Arbeitsplatz, in ihrer Familie und in der Gesellschaft nicht mehr gebraucht, daß sie mit dem schrittweisen Nachlassen ihrer physischen und geistigen Kräfte zu einer Last für die anderen werden. Insbesondere Menschen, die ein sehr aktives Leben geführt haben, fällt das Ausscheiden aus dem Arbeitsalltag schwer. Die Folge sind vielfach Neurosen und psychologische Unausgeglichenheiten.

Eine der erschreckendsten Entwicklungen unserer Zeit ist die rasche Zunahme der Selbstmorde in dieser Altersgruppe. Die Ursachen sind Frustration und Verzweiflung. Selbstmordversuche älterer Leute enden fast immer tödlich.

Wie wichtig es ist, im Alter ein neues Gefühl für

den Sinn des Lebens zu entwickeln, ist in jüngerer Zeit von der sogenannten 3. Wiener Schule der Psychotherapie, in der Logotherapie und Existenzanalyse von Dr. Viktor Frankl hervorgehoben worden. Wenn auch Frankls Einsichten in die psychologische Bedeutung des Sinns im Leben alle Altersgruppen angehen, so scheinen sie doch von besonderer Bedeutung für die Übergangsperiode ins Alter.

Frankl verwirft sowohl die Freudsche Idee, daß der Mensch hauptsächlich von sexueller Energie angetrieben werde, als auch Adlers Behauptung, daß Machttriebe das grundlegende menschliche Streben seien. Frankl betont, man müsse das Streben nach Sinn im Leben als das Hauptanliegen des Menschen und als sein grundlegendes Streben ansehen. Logotherapie – „logos" bedeutet für Frankl „Sinn" – konzentriert sich auf den Sinn menschlicher Existenz und versucht, dem Menschen beizustehen, den Sinn in seinem Leben zu finden. Frankl, der selbst die Hölle von Auschwitz durchlebte, zitiert gerne das Wort Nietzsches: „Wer ein Warum zu leben hat, erträgt fast jedes Wie."

Wenn jemand ein *Warum* hat, für das er lebt, hat er einen Ausblick über sein momentanes Leben hinaus gewonnen, der notwendig einen heilsamen Einfluß auf seine psychische Gesundheit hat. Wenn es auf der anderen Seite jemandem nicht gelingt, Sinn in seinem Leben zu entdecken, und er die Frustration innerer Leere und ein „existentielles Vakuum" erfährt, ist seine geistige Gesundheit in großer Gefahr; solch ein psychisch-geistiger Zustand führt häufig zu Neurosen, Depressionen, psychosomatischen Verstimmungen und Beschwerden. Diese existentielle Krise ist eine der bedeutsamsten Bedrohungen der Gesundheit des Menschen im 20. Jahrhundert.

Die Unermeßlichkeit dieses Problems zeigt sich in zahlreichen Beispielen existentieller Leere in unseren Tagen: Langeweile, „Sonntagsneurose", Gleichgültigkeit, Alkoholismus, Jugendkriminalität, in inneren Krisen von Pensionären und alternden Leuten. Wie leer muß das Leben eines Menschen sein, der keine andere Beschäftigung kennt, als das Fernsehprogramm wahllos und pausenlos an sich vorbeiziehen zu lassen.

Das frustrierte Verlangen nach Sinn wird häufig auch von einem übertriebenen Verlangen nach Macht, das seinen Ausdruck im Verlangen nach Geld findet, oder von einem extremen Trieb nach sexueller Lust kompensiert. Allen diesen zerstörerischen Erscheinungen liegt das Scheitern des Menschen zugrunde, den Sinn seiner Existenz zu finden.

Auf die Frage: „Was ist der Sinn meines Lebens?" muß jeder Mensch seine eigene Antwort finden. Der Logotherapeut hält sich zurück, er will dem Patienten nicht Werturteile aufzwingen und überläßt es ihm, den Sinn in seinem individuellen Leben zu finden. Frankl betont jedoch, daß der Sinn unserer Existenz, wenn er auch einzig ist für jedes Individuum, doch nicht von uns selbst erfunden wird; Sinnmöglichkeiten sind in jeder Lebenssituation vielfältig verborgen. Sie gilt es zu entdecken und zu verwirklichen. Die Aufgabe des Logotherapeuten ist es, das Gesichtsfeld des Menschen zu erweitern und ihm zu helfen, sich des ganzen Spektrums von Sinn und Werten bewußt zu werden. Dem Menschen wird kein Werturteil aufgezwungen; vielmehr werden die Wahrheit selbst und der Reichtum sinn-voller Wirklichkeit ihm in einem neuen Licht sichtbar gemacht. Leben, das je konkrete und individuelle Leben, wird erhellt, durch-sichtig gemacht auf Sinn-Möglichkeiten hin.

Die Logotherapie und Existenzanalyse vermag dem Menschen – ob glaubend ausgerichtet oder nicht – zu helfen, Sinn in seinem konkreten und individuellen Leben zu entdecken. Sie schließt das Leben des jeweiligen Menschen so auf, daß ihm vor Augen steht, was er tun kann und soll, was ihn an-spricht und herausfordert. Sie fragt weniger psychoanalytisch nach den Ursachen in der Vergangenheit, sondern ergründet mehr die Gegebenheiten der Gegenwart und gibt dem Menschen konkrete Hilfen, wie er in der Zukunft gestaltend und verändernd zu neuem Erleben finden kann. Die Logotherapie und Existenzanalyse führt den Menschen bis an die Tür zur Transzendenz. Was oder wen der einzelne Mensch durch diese Tür hindurch sieht oder erkennt, bleibt offen. Gleichwohl sieht sie im Glauben eine das ganze menschliche Leben umfangende Sinnorientierung. Ihr Augenmerk richtet sich mehr auf den jeweiligen Sinn *in* jeder Lebenssituation, als auf den Sinn des gesamten Lebens.

Wie stark das Gefühl der Sinnlosigkeit bei vielen alten Menschen ist, zeigt sich in Aussprüchen wie: „Ich bin zu nichts mehr nütze“ oder: „Ich bin nutzlos und werde nicht mehr gebraucht“. Wenn sie

solche Gefühle der Frustration nähren, verlieren sie immer mehr an Selbstachtung. Das führt häufig zu ernsthaften Minderwertigkeitskomplexen.
Der alte Mensch sollte sich so weit wie möglich davon trennen, seine Identität, seinen Lebenssinn, nur in „nützlicher" Arbeit finden zu wollen. Nicht „nützlich sein" – sich verbrauchend gebrauchen lassen –, sondern „da sein" in Ruhe und Gelassenheit sollte das Ziel des Lebensendes sein. So entfalten sich neue ungeahnte Kräfte der Persönlichkeit. Ein so lebender Mensch kann für seine Umgebung ein intensiver Anziehungspunkt sein. Ein zwanzigjähriger Student sagte mir neulich: „Seitdem meine Großmutter gestorben ist und nicht mehr in ihrem Lehnstuhl sitzt, wenn ich nach Hause komme, ist das ganze Haus leer und tot."
Die konkrete Suche nach Sinn im Alter kann mannigfache Formen annehmen und hängt nicht nur von der Gesundheit und den Fähigkeiten eines Menschen und seiner konkreten Situation im Leben ab.
Selbstverständlich kann die freiwillige Übernahme von Verantwortung im Hause der Kinder oder die Sorge um die Enkel ein neues Gefühl der Freude bringen. Das Erlebnis, für andere hilfreich zu sein, gibt der verminderten Selbstachtung neuen Auftrieb.
Da sie in einer Massengesellschaft leben, unterschätzen heute viele Menschen, insbesondere die älteren, ihre eigene Bedeutung. Sie haben das Gefühl, daß das, was sie tun, keinerlei Bedeutung haben kann, und so „vergraben sie ihre Talente".
Wir als Christen und insbesondere als ältere Chri-

sten brauchen nicht daran erinnert zu werden, daß wir große Ausstrahlungskraft haben, wenn wir wirklich ein christliches Leben leben. Wir können diese Welt zu einem lebenswerten Ort machen, und wir können anderen helfen, menschlichere und freudigere Menschen zu werden. Wahre und vollständige Menschlichkeit geht für den glaubenden Menschen mit reifem Christentum Hand in Hand.

François Mauriac, der große katholische Schriftsteller, der 1970 im Alter von 84 Jahren starb, schrieb vor seinem Tod seine eigene Grabrede: „Ich glaube, wie ich es als Kind glaubte, daß das Leben einen Sinn, eine Richtung, einen Wert hat; es gibt kein verlorenes Leiden, jede Träne zählt, jeder Tropfen Blut; ich glaube, daß das Geheimnis der Welt beim hl. Johannes zu finden ist: ‚Deus caritas est' – ‚Gott ist Liebe'."

Ehe im Alter: Die neue Begegnung

In unserer leistungs- und erfolgsorientierten Gesellschaft tendieren die meisten unserer Beziehungen zu anderen Menschen dahin, einen rein *funktionalen* oder nützlichen Charakter anzunehmen. Eine gewöhnliche Geschäftstransaktion zwischen zwei Leuten könnte als Beispiel einer solchen funktionalen Kommunikation angesehen werden. Auf dieser Ebene ist eine Person gegen andere Menschen austauschbar. Doch außer diesen funktionalen Kommunikationen gibt es noch einen anderen Typ zwischenmenschlicher Begegnung, den wir *existentielle* Kommunikation nennen können. Hier haben wir es mit den tieferen Erfahrungen einer persönlichen Beziehung zu tun, in der zwei Menschen sich als einzigartige individuelle Personen einander verpflichten. In einer solchen Begegnung wird der Mensch als ein unersetzliches einmaliges Wesen beansprucht. In der existentiellen Kommunikation wird kein funktionelles Ziel außerhalb des wahren Gutes beider Personen angestrebt; sie wecken gegenseitig ihre potentiellen Energien und bringen sie zur vollen Entwicklung. Auf diese Weise erschaffen sich beide gegenseitig erst zu voller Personalität.

Es möchte scheinen, daß die moderne Gesellschaft den Menschen während der aktiven Jahre seines Lebens ermutigt und sogar zwingt, mit seinen Mitmenschen weithin auf der funktionalen oder präexistentiellen Ebene umzugehen. Der Mensch tritt mit dem Menschen in Kommunikation, um ein gemeinsames Ziel zu erreichen, und der eine benutzt den anderen in der Verfolgung dieses Zieles. Es ist selbstverständlich nicht schlecht, wenn der Mensch mit einem anderen rein sachlich verhandelt, um ein objektives Ziel zu erreichen. Doch besteht heute die Gefahr, daß diese Form funktionaler Kommunikation zur einzigen Weise wird, in der die Menschen einander begegnen, und das würde zu dem Verlust der eigentlichen menschlichen Dimension führen.

Eine der ernstesten Gefahren der modernen Zivilisation liegt gerade in ihrer Tendenz, die glatte und gefällige, aber oberflächliche Weise des funktionalen Umgehens mit den andern zu *dem* Verhaltensmuster aller Begegnungen mit unseren Mitmenschen zu machen. Auf diese Weise beraubt der Mensch sich selbst der tiefen Beziehungen, die in erster Linie nicht auf ein gefälliges und glattes Miteinanderauskommen, sondern auf die personale Begegnung mit dem Partner ausgerichtet sind und ihn durch liebenden Kampf herausfordern, alle Möglichkeiten einer reichen zwischenmenschlichen Beziehung zu entwickeln. Der Philosoph Karl Jaspers, dessen Einsichten ich hier verpflichtet bin, hat ausführlicher die reicher machenden Möglichkeiten existentieller Kommunikation und des liebenden Kampfes entwickelt.

Der Gefahr unserer technologie- und leistungsorientierten Zivilisation muß durch die Entwicklung existentieller Kommunikation mit anderen Personen begegnet werden. Es ist wesentlich, daß jeder Mensch zumindest in einigen seiner Alltagsbeziehungen die Tiefe erreicht, die über die Ebene des rein Funktionalen oder Nützlichen hinausgeht. Er muß sich bemühen, dem anderen Menschen im Kern seiner Persönlichkeit als nicht auswechselbarem einzigartigem Individuum zu begegnen. Der Mensch sollte sich auf jeder Stufe seines Lebenslaufes um existentielle Kommunikation bemühen. Doch das Alter scheint in besonderer Weise sowohl die Chance zu geben, Verständnis für die Notwendigkeit solcher tieferen Beziehungen zu gewinnen, als auch die Zeit zu bieten, sich um sie zu bemühen und sie zu entwickeln. Von dem Druck der funktionalen Leistungsorientierung befreit, kann der Mensch diese Dimensionen des Lebens, die zutiefst menschlich sind, neu entdecken.

Hier liegt die Möglichkeit eines großartigen Abenteuers für ein Ehepaar, das die Zeit des Ruhestands erreicht. Eine der Haupttragödien des Ehelebens liegt heute darin, daß zu viele Ehemänner und Ehefrauen sogar nach Jahren des Ehelebens immer noch auf der präexistentiellen Ebene der Kommunikation stehenbleiben. All ihr wechselseitiges Miteinander erschöpft sich in rein funktionalen Beziehungen. So bleibt ein ganzer Bereich möglichen menschlichen Wachsens und wechselseitigen schöpferischen Tuns unterentwickelt.
Wie rein funktional eine Ehe gelebt wurde, zeigt sich oft in traditionell geführten Ehen zum Zeitpunkt der Pensionierung des Ehemannes. Für viele Ehepaare ist das Zusammenbleiben nur erträglich geworden durch die Tatsache, daß sie 9 Stunden des Tages voneinander getrennt sind. In diesem Fall kann der bloße Gedanke, daß der Mann nach der Pensionierung den ganzen Tag zu Hause herumsitzt, eine Frau erschrecken und sie das Schlimmste befürchten lassen. Wenn der in den Ruhestand getretene Ehemann plötzlich ein unangemessenes Interesse für die Arbeit in Haus und Küche entwickelt und damit intensiv in den Bereich seiner Frau einbricht, kann der Ruhestand zur reinen Hölle werden. Die Partner leben in ständigem Streit, der nur von Zeiten eines unsicheren Waffenstillstandes und gegenseitiger Verdrossenheit unterbrochen wird.
Eine Frau, die ihren Lebenssinn nicht nur auf Haus und Küche beschränkt, wird andererseits erbost darüber sein, wenn der nach seiner Pensionierung von Routinearbeit befreite Ehemann nicht selbst-

verständlich einen Teil der notwendigen Hausarbeit übernimmt. Welche idealen Möglichkeiten ergeben sich für zwei Menschen, miteinander altwerdend in Arbeitsteilung das Notwendige zu tun und andererseits ganz neue Bereiche des Lebens in ihrer Freizeit miteinander zu entdecken und zu gestalten.

Auch die Sexualität kann in der Ehe zur reinen Funktion der Triebbefriedigung herabgewürdigt werden. Ehepaare, die einander in dieser Weise gebraucht und mißbraucht haben, werden im Alter vor einer katastrophalen Krise stehen. Ein Mann und eine Frau aber, die ihre Sexualität in personaler Würde gelebt haben, werden jetzt beglückt feststellen, daß sie im Alter neue Wege der Zärtlichkeit entdecken, die den anderen mit all seinen Runzeln und Gebrechlichkeiten noch mit Liebe umfangen kann.

Wenn Eltern nur für die Kinder leben, ist die Kommunikation unter den Ehepartnern häufig nur funktional. Solche Eltern können ihre Kinder auch nicht loslassen. Der Ablösungsprozeß wird dann aber um so schmerzlicher empfunden, weil festgehaltene Kinder sich besonders intensiv aus der erstikkenden, umklammernden Liebe befreien wollen. Mit den Kindern verlieren die Eltern die letzte gemeinsame Basis des Miteinanders und stehen sich sprachlos gegenüber. Mann und Frau müssen sich nun neu als Partner und Geliebte wiederentdecken – das kann ihnen auch jetzt noch gelingen.

Eine reiche eheliche Beziehung kann sich entwikkeln, wenn beide Partner die Herausforderung existentieller Kommunikation und liebenden Kampfes annehmen. Es fehlt in der durchschnittlichen Ehe nicht an Kampf, aber oft ist es kein liebender. Auf der anderen Seite glauben viele Eheleute, eine Art von Liebe, die frei ist von Auseinandersetzungen, sei genug, und sie vergessen, daß Reifung nicht erreicht werden kann ohne die Härte und die Vitalität einer klärenden Konfrontation.

Gegenseitige liebende Kritik von Mann und Frau ist notwendig, weil die Partner ihre Ehe als unvollendete Persönlichkeiten beginnen, und nur durch den Prozeß existentieller Kommunikation können sie sich zu den idealen Personen entwickeln. Unrealistische Voraussetzungen und Erwartungen können leicht eine Ehe ruinieren.

Mann und Frau müssen ihre Aufgaben in einem gegenseitigen Schöpfertum finden, in dem beide Partner gegenseitig alle potentiellen Energien wekken und so einander zur Fülle und zum Wachstum führen. Für dieses Ideal zu kämpfen, könnte eine herausfordernde und bereichernde Aufgabe für eine Ehe sein, die in ihre „goldenen Jahre“ kommt.

Der hl. Paulus setzt keine zeitlichen Grenzen für seine Anweisung, daß Ehemänner ihre Frauen lieben sollen, wie Christus die Kirche geliebt und sich für sie hingegeben hat (vgl. Eph 5,25). Ältere Eheleute könnten den Entschluß fassen, das 5. Kapitel des Briefes an die Epheser einmal im Monat zu lesen und danach zu leben.

Neue religiöse Dimensionen

Der christliche Glaube ist von solch unendlichem Reichtum, daß zu keiner Zeit des menschlichen Lebens die Tiefe seiner Wahrheit voll erfaßt oder der Reichtum seiner religiösen und sittlichen Werte voll begriffen werden kann. Das Evangelium gleicht einer unerschöpflichen Mine der Wahrheit. Der Christ kann Jahr um Jahr in dieser Mine schürfen, er wird sie nie erschöpfen. Doch in jedem Lebensalter werden ihm Gelegenheiten geboten, neue Möglichkeiten religiösen Verstehens und Tuns zu erfahren.

Die Heilige Schrift spricht häufig vom *Kairos,* einem einzigartig günstigen Augenblick, der einmal kommt und nicht wiederkehrt. Ekklesiastes (Der Prediger = Kohelet) sagt uns, daß alles seine einzigartige Zeit, seinen *Kairos* hat: „Alles hat seine Stunde. Für jedes Geschehen unter dem Himmel gibt es eine bestimmte Zeit: eine Zeit zum Gebären und eine Zeit zum Sterben, eine Zeit zum Pflanzen und eine Zeit zum Abernten der Pflanzen ... eine Zeit zum Weinen, eine Zeit für die Klage und eine Zeit für den Tanz ... eine Zeit zum Umarmen und eine Zeit, die Umarmung zu lösen ... eine Zeit zum Schweigen und eine Zeit zum Reden ..." (Koh 3,1–2.4.5b.7b).

Die Geschichtlichkeit des Menschen ist von der zeitgenössischen Philosophie nachdrücklich betont worden. Doch einige Philosophen scheinen nicht zu bemerken, daß auch die Heilige Schrift ein scharfes Empfinden für den wesentlich historischen Charakter des Menschen zeigt. Der heilige

Paulus schreibt in seinem Brief an die Römer: „Bedenkt die gegenwärtige Zeit (den *Kairos*): Die Stunde ist gekommen, aufzustehen vom Schlaf" (Röm 13,11).

Sogar die Stunde der Versuchung ist für den Gläubigen ein *Kairos:* „Ich werde zu dir halten und dich bewahren vor der Stunde der Versuchung, die über die ganze Erde kommen soll, um die Bewohner der Erde auf die Probe zu stellen" (Offb 3,10).

Wiederholt erinnert uns die Heilige Schrift daran, daß für den Menschen, der den gegebenen *Kairos* nicht nutzt, die Möglichkeit dieser kostbaren Stunde nicht wiederkehren wird.

Gott handelt in seinem Tun mit den Menschen immer in Zeit und Geschichte. „Jetzt aber hat er [Gott] zur vorherbestimmten Zeit sein Wort offenbart" (Tit 1,3). Bei der Hochzeit von Kana antwortete Jesus seiner Mutter: „Meine Stunde ist noch nicht gekommen" (Joh 2,4). Jesus handelt niemals autonom, sondern im Einklang mit dem *Kairos,* dem einzigartigen Zeitpunkt, der vom Vater vorherbestimmt und beschlossen ist. „Meine Zeit ist noch nicht gekommen, für euch aber ist immer die rechte Zeit" (Joh 7,6). „Christus ist schon zu der Zeit, da wir noch schwach und gottlos waren, für uns gestorben" (Röm 5,6). Der heilige Johannes beginnt seinen Bericht über das letzte Abendmahl mit der sehr bestimmten Feststellung: „Jesus wußte, daß seine Stunde *(Kairos)* gekommen war, um aus dieser Welt zum Vater hinüberzugehen" (Joh 13,1).

Wir kennen alle die einzigartigen Gelegenheiten, die sich einem Menschen in der Jugendzeit für

sein religiöses Leben bieten; er hat ein Herz voller Begeisterung, voller Großmütigkeit und die Möglichkeit, lebenslange Verpflichtungen in der Entscheidung für eine Berufung einzugehen.
Weit weniger ist die Tatsache bewußt, daß auch das Alter dem Menschen einzigartige Gelegenheiten für sein religiöses Leben bietet. Leider lassen sich viele Männer und Frauen entmutigen und verzagen vor den Beschränkungen, die ihnen das Alter auferlegt. Dabei kann die Erforschung und Entdeckung der mannigfachen neuen Perspektiven und Gelegenheiten zu einem reiferen religiösen Leben für sie eine ermunternde und verjüngende Erfahrung sein. Jede Zeit im Leben des Menschen bietet ihre eigenen einzigartigen Gelegenheiten, gewisse Aspekte der unendlich reichen Wirklichkeit des christlichen Glaubens zu erfassen. Im Alter findet der Mensch neue Möglichkeiten, ein tieferes Vertrauen in Gottes Vorsehung und Gnade zu entwickeln.
Ein Beispiel aus dem mittelalterlichen Buddhismus mag dies illustrieren. Honen, der Begründer der Jodo-Sekte in Japan, lehrte seine Jünger, aus ganzem Herzen dem Amida-Buddha zu vertrauen und seinen heiligen Namen anzurufen. Glaube, so sagte er, ist das grundlegende Erfordernis, damit ein Mensch gerettet werde. Durch die Kraft des Glaubens, so lehrte Honen, „kann sogar ein böser Mensch gerettet werden; um wieviel mehr ein guter Mensch". Einer von Honens Schülern, Shinran, war zutiefst von der Erfahrung menschlicher Gebrechlichkeit und Hinfälligkeit erschüttert, kehrte Honens Lehre um und sagte: „Sogar ein guter

Mensch wird gerettet werden; um wieviel mehr ein böser.“ Shinran wollte mit dieser extremen und paradoxen Aussage zum Ausdruck bringen, daß die Taten des Menschen nicht zählen, weder die guten noch die bösen, sondern nur das rettende Tun des Amida-Buddha.

Ohne die extreme Glaubenshaltung der buddhistischen Schule Shinrans zu unterschreiben, neige ich dazu, in dieser paradoxen Formulierung eine starke Anregung zu sehen, unsere Vorstellung von christlichem Glauben und christlicher Gnade zu überprüfen und uns um wirkliches Verstehen zu bemühen.

Während seiner aktiven Jahre neigt der Durchschnittschrist dazu, sich hauptsächlich auf die eigene Kraft zu verlassen und das Hauptverdienst an seinen Leistungen der eigenen Intelligenz und Arbeit zuzuschreiben. Doch damit ist er der Gefahr ausgesetzt, die Gnade in einer recht pelagianischen Weise zu begreifen. Er überschätzt sich selbst und übersieht die tiefe theologische Wahrheit, daß er nichts sein würde und nichts tun könnte ohne die immer gegenwärtige, stützende Macht Gottes. Wenn der Mensch einmal alt wird und fühlt, wie seine Kräfte nachlassen, sollte er ein tieferes Verständnis dafür gewinnen, wie sehr sein ganzes Tun und seine ganze Existenz von der schöpferischen und erhaltenden Macht des allmächtigen Gottes getragen wird. So erhält der alternde Mensch die neue Gelegenheit, das christliche Paradoxon zu erfahren: daß in dem Maße, wie seine eigenen Kräfte abnehmen, die Macht und Herrlichkeit des Schöpfergottes und Erlösers in ihm immer heller aufscheinen. Der heilige Paulus sprach dieses Paradoxon in sehr schöner Weise aus: „Er aber antwortete mir: Meine Gnade genügt dir; denn sie erweist ihre Kraft in der Schwachheit. Viel lieber also will ich mich meiner Schwachheit rühmen, damit die Kraft Christi auf mich herabkommt. Deswegen bejahe ich meine Ohnmacht, alle Mißhandlungen und Nöte, Verfolgungen und Ängste, die ich für Christus ertrage; denn wenn ich schwach bin, dann bin ich stark" (2 Kor 12,9–10).

Zudem kann die Freiheit von den Anforderungen des Berufslebens die Augen für die wirklich wichtigen Werte im Leben öffnen und zur freudigen Wiederentdeckung des Glaubensgeschenkes führen. Wir Menschen neigen dazu, die guten Dinge im Leben als selbstverständlich hinzunehmen. Oft sind wir uns nicht bewußt, daß sie Geschenke sind, die wir von Gott empfangen haben und für die wir dankbar sein sollten.

Das Alter schärft den Sinn für das, was echt und bleibend ist und macht den Geist frei für die Erfahrung eines tieferen Glücks. In diesem Zusammenhang denke ich oft an einen Aussätzigen, dem ich in einem Leprosenheim in der Nähe von Tokio begegnete. Als Kaplan feierte ich an Sonntagen in dieser Aussätzigenkolonie die Messe. Ich traf dort einen älteren Mann, der bereits eine Hand durch die schreckliche Krankheit verloren hatte. Zu meiner Überraschung sah er immer glücklich und zufrieden aus. Ich fand heraus, daß er Konvertit war. Er brachte seine Mitpatienten zur Messe und versuchte, die Frohe Botschaft unter seinen nichtchristlichen Leidensgefährten zu verbreiten.

Die meisten Aussätzigen erholten sich dank den Fortschritten der modernen Medizin nach und nach von ihrer Krankheit und konnten nach Hause zurückkehren; dieser Mann jedoch hatte nicht die geringste Hoffnung, seine Gesundheit wiederzuerlangen. Sein Aussatz war zu spät erkannt worden. Er mußte den Rest seines Lebens in der Aussätzigenkolonie verbringen.
Doch wenn ich mit ihm sprach, war er immer guten Mutes. Das eine beherrschende Thema seiner Gespräche war: „Ich bin Gott so dankbar, daß ich hier im Leprosenheim den christlichen Glauben und damit den Sinn meines Lebens gefunden habe." Er benutzte immer die japanische Redewendung: „Mein Herz ist voller Dankbarkeit!" Ich konnte nicht umhin, den starken Gegensatz zu der Geschichte des Evangeliums von den zehn geheilten Aussätzigen zu bemerken; neun von ihnen nahmen sich nicht einmal die Zeit, zurückzukehren und Jesus für das Wunder zu danken. Dieser japanische Aussätzige litt schreckliche Qualen, und doch war sein Herz voller Dankbarkeit für das Geschenk des christlichen Glaubens. Er hielt es für wichtiger als leibliche Gesundheit.
Die religiöse Bedeutung der letzten Lebensjahre wird auch in verschiedenen Romanen von François Mauriac beleuchtet. Mauriac hat den Geiz und den Haß, die Unmenschlichkeit und Korruption, die zerstörerischen Kräfte der Leidenschaften des Menschen mit großer Schärfe beschrieben. Seine Werke nähern sich der extremen Behauptung: Leben sei sündigen, und die menschliche Existenz sei in ihrer Wurzel vom Bösen bedroht. Und doch, trotz

der überwältigenden menschlichen Schwäche und Verdorbenheit, wird gegen Ende des Lebens den großen Sündern Mauriacs anscheinend das Geschenk der Gnade angeboten und von ihnen angenommen. Die göttliche Gnade ist für diese Charaktere Mauriacs im späteren Leben die am machtvollsten wirkende Kraft. Erst dann werden ihr Geiz, ihre Wollust und ihre Selbstsucht endlich besiegt; erst dann werden sie von dem Gefängnis ihrer Isolierung und Einsamkeit befreit und in die Gemeinschaft mit Gott und den Mitmenschen geführt.

Erst auf dem Totenbett siegt die Gnade in der Heldin von Mauriacs *Thérèse Desqueyroux.* Mauriac sagt von Thérèse, daß sie „zu der Klasse von Menschen (und es ist eine riesige Familie!) gehört, für die die Nacht nur enden kann, wenn das Leben selbst endet". *Der Aussätzige und die Heilige* ist die tragische Geschichte einer unglücklichen Ehe zwischen einem häßlichen, reichen Mann und einem schönen, armen Mädchen. Noemie, die Frau, findet den Körper ihres Ehemannes abstoßend. In heftigem Ekel kehrt sie sich von ihm ab, das Leben mit ihm ist für sie fast unerträglich. Erst gegen Ende, als ihr Mann dem Tode nahe ist, entdeckt Noemie seine innere Schönheit und beginnt, ihn wirklich zu lieben.

Der geizige alte Gutsbesitzer in Mauriacs *Natterngezücht* zerreibt sich in dem nagenden Gefühl, daß ihn niemand liebt. Er wird verbittert, und sein Herz wird von Haß und dem Verlangen nach Rache ebenso wie von Geiz verzehrt. Als Reaktion auf die Kaltherzigkeit seiner Familie beschließt er, sich zu rächen, indem er jeden einzelnen seiner Verwandten enterbt. Sogar in seinem Alter sind seine Gedanken und sein Tun von dem Geist der Habsucht, des Hasses und der Rache beherrscht. Erst in den allerletzten Tagen öffnen Andeutungen von Liebe, die er von einigen Leuten seiner Umgebung erfährt, das Herz dieses „Ungeheuers der Verschlossenheit und Gleichgültigkeit". Die letzte Eintragung im Tagebuch des alten Mannes gipfelt in der freudigen Entdeckung, daß schließlich der eisige Käfig des Geizes und der Bitterkeit um sein Herz schmilzt. „Etwas läßt mein Herz fühlen, als wolle es bersten – es ist die Liebe, deren Name ich endlich erkannt habe." Als einer seiner Verwandten das Leben des alten Mannes nach seinem Tode beschreibt, muß er eingestehen, daß er ein schrecklicher und manchmal furchtbarer Mann war. Aber trotzdem schien über die letzten Tage seines Lebens ein großes Licht, und sein Gutsein im Ende änderte bei diesem Verwandten die Sicht des Lebens durch und durch.

Für Mauriac scheint das Leben ein langer und gefährlicher Zickzackweg zu sein, der einen steilen Berghang hinaufführt. Meistens herrscht während des gefährlichen Kletterns die Dunkelheit vor, und das Licht beginnt nur gegen Ende durchzuscheinen, wenn der sonnenumstrahlte Gipfel in einer Art von Transzendenz über den ungewissen Nebeln menschlicher Existenz auftaucht. Das Streben der Menschheit (das selten als das erkannt wird, was es ist) in Richtung des transzendenten Seins Gottes ist selten so gut beschrieben worden wie in den Personen Mauriacs.

Teilhaben am Leben und Lieben der Trinität

Viele Christen finden in ihrem Alter ein neues Verständnis und einen neuen Zugang zu dem zentralen Geheimnis des christlichen Glaubens, zu der Allerheiligsten Dreieinigkeit. Die Teilhabe an dem Austausch des Lebens und der Liebe zwischen den drei Personen der Trinität wird für sie eine schöpferische Weise, der Einsamkeit des Alters zu begegnen.
Man wird nicht sagen können, die Trinität sei eine Lehre „nur für Erwachsene", denn sie bildet den eigentlichen Kern unseres Glaubens. Doch möchte es scheinen, daß diese tiefste der Offenbarungen Christi eine besondere Bedeutung gerade für den alternden Menschen hat. Nach der Erfahrung der Schönheit und der Begrenzungen vielfältiger menschlicher Beziehungen scheint der alte Mensch ganz besonders auf eine tiefe Teilhabe an dem vollkommenen Lebens- und Liebesaustausch zwischen den drei Personen der Trinität vorbereitet zu sein. Als ich zum ersten Mal nichtchristlichen Japanern in Tokio den Katechismus lehrte, hatte ich die meiste Angst vor der Lektion über die Trinität. Wie konnte ich dieses schwierigste und doch zentralste Geheimnis des christlichen Glaubens meinen Katechumenen verständlich machen, und wie würden sie es aufnehmen? Ich wurde angenehm überrascht. Gerade die Lehre von der Trinität fanden viele meiner Katechumenen – insbesondere die älteren – ganz besonders anziehend und von tiefem Sinn erfüllt.

Frank Sheed, der oft in Londons Hyde Park über die Trinität sprach, beobachtete, daß die Lehre von der Trinität auf den Mann von der Straße dieselbe Faszination ausübt, wie ich im Falle meiner japanischen Katechumenen in Tokio feststellte. Darüber hinaus hat er eine interessante Erklärung für dieses bemerkenswerte Phänomen gegeben. Er vergleicht die Faszination, die durch das plötzliche Ergriffenwerden von dem Geheimnis der Trinität auf den Menschen ausgeht, mit der Erfahrung eines Menschen, der ein Foto von sich selbst erkennt, das er nie zuvor gesehen hat. Er ist überwältigt von dem Phänomen, sich selbst (das Original) durch eine Kopie oder Reproduktion hindurch zu sehen. Wenn der Mensch zum ersten Mal von der Trinität hört, macht er eine ähnliche Erfahrung durch, aber in umgekehrter Richtung. Hier erkennt nicht das Original sein eigenes Bild, sondern das Bild erkennt das Original und ist fasziniert von dieser Erkenntnis.

Nachdem ich für eine Zeitlang in den christlichen Westen zurückgekehrt war, habe ich mich oft gefragt, weshalb die Lehre von der Trinität, die eine so große Anziehungskraft ausüben kann, im religiösen Bewußtsein, in der Spiritualität und im sittlichen Leben vieler Christen keine zentrale Rolle spielt. Einige Lehrer und Prediger werden sagen: „Sie ist zu schwierig zu erklären; und außerdem vermag ich ihre Bedeutung nicht zu sehen."

Doch unter allen Wahrheiten, die Christus uns offenbart hat, ist keine so tief und weitreichend wie die Wahrheit über Gott selbst und über den Menschen, der nach dem Bilde des dreieinigen Gottes geschaffen ist. Weshalb sollte Christus sich soviel Mühe gegeben haben, uns zu sagen, es gebe drei Personen in Gott, wenn diese Wahrheit nicht von wirklicher Bedeutung für unser christliches Leben ist?

Gott offenbarte uns gewiß diese Wahrheit nicht, um uns eine Art göttliches Rätsel aufzugeben oder um den Katecheten mit diesem tiefen Geheimnis etwas zu geben, mit dessen Erklärung sie sich herumschlagen müßten. Gott hat uns eher das Geheimnis der Trinität offenbart, weil es auf unsere eigene Struktur und die Weise Licht wirft, in der wir unser Leben leben sollten, wenn es sinnvoll und erfüllt sein soll. Gott existiert nicht als ein „Einzelgänger" oder als ein isoliertes Individuum.

Vielmehr gibt es im Sein Gottes selbst eine Gemeinschaft. Jesus Christus läßt uns einen Blick auf diese tiefe, liebende Gemeinschaft zwischen den drei göttlichen Personen tun: „Der Vater liebt den Sohn" (Joh 3,35). „Ich und der Vater sind eins" (Joh 10,30). „Der Vater ist in mir, und ich bin im Vater" (Joh 10,38). „Der Geist der Wahrheit, der vom Vater ausgeht, wird Zeugnis für mich ablegen" (Joh 15,26).

Das Leben Gottes ist seiner eigentlichen Natur nach sozial. Gott existiert als ein Miteinander und als Freundschaft dreier göttlicher Personen. In der Trinität hat jede Person ihre Existenz nur in der Beziehung zu den anderen und nur im Existieren für die anderen, und in dem Prozeß unendlichen Gebens und Empfangens von Liebe ist jede ganz sie selbst. Die Trinität zeigt die höchste Koinzidenz der Gegensätze: Die höchste Form von Einheit fällt mit dem ausgeprägten Selbstsein der drei göttlichen Personen zusammen. Das Selbstsein nimmt durch Selbsthingabe nicht ab, sondern nimmt in dem Maße der Selbsthingabe zu. So zeigt uns die Trinität als die Quelle und als Modell allen Personseins und aller Gemeinschaft, daß die höchste Vollkommenheit der Person nicht Selbstbetonung, Isolierung und Unabhängigkeit, sondern Offenheit und liebende Bindung an andere ist.

Seit dem Anfang der Zeiten hat der Mensch Fragen über sich selbst gestellt, und nach und nach ein reiches Verständnis seiner eigenen Natur und seines Seins aufgebaut. Unter allen Entdeckungen ist jedoch die revolutionäre Offenbarung Christi am wichtigsten: Christus lehrt, daß der Mensch nach dem Bilde eines dreieinigen Gottes geschaffen wurde und daß er fähig ist, „an der göttlichen Natur Anteil" zu haben (2 Petr 1,4). Niemals hat der Mensch in der langen Geschichte des menschlichen Geschlechtes eine so wichtige Einsicht in sein Selbst gewonnen. Diese gewaltige Offenbarung ist keineswegs plötzlich und auf einmal gegeben worden, vielmehr dämmerte sie langsam und in Stufen herauf. In der Genesis wird berichtet, daß Gott sprach: „Laßt uns Menschen machen als unser Abbild, uns ähnlich" (Gen 1,26). Daß aber Gott nicht in individualistischer Vereinzelung existiert, sondern als eine liebende Gemeinschaft von drei Personen, und daß folglich der Mensch, weil er nach dem Bilde der Dreieinigkeit geschaffen ist, in sich selbst eine trinitare Struktur besitzt – das wurde dem Menschen erst durch die Offenbarung Jesu Christi bewußt.

Die ethischen Konsequenzen des neuen christlichen Selbstverständnisses des Menschen als eines Bildes der Trinität sind gewaltig. Da Gott nicht als ein einsames und isoliertes Individuum, sondern in dem liebenden Austausch dreier Personen existiert, ist auch der nach dem Bilde des dreipersonalen Gottes geschaffene Mensch im eigentlichen Kern seiner Existenz ein relationales Wesen. Er findet sein wahres Selbst und wird erst ganz Mensch in der dialogischen Beziehung der Liebe und im Austausch mit anderen.

Eine unmittelbare Konsequenz einer auf die relationale Natur des Menschen gegründeten Ethik ist die Zurückweisung des zeitgenössischen westlichen Individualismus. Es gibt keine tiefere Widerlegung des Individualismus als die Tatsache, daß der Mensch im Kern seines Seins ein Bild des Gottes ist, der in seinem eigentlichen Wesen Gemeinschaft ist. Daß Gott eine dreipersonale Wirklichkeit ist, ist folglich die tiefste Begründung und der Ursprung aller menschlichen Gemeinschaft. Gott will die Gemeinschaft für den Menschen, weil er selbst als Gemeinschaft existiert und den Menschen nach seinem eigenen trinitaren Bild geschaffen hat. Dasselbe Prinzip erklärt, warum Jesus Christus so radikal in seiner Forderung der Nächstenliebe ist. Da der Mensch nach dem Gleichnis der Trinität mit ihrer interpersonalen Fülle des Lebens strukturiert ist, ist er darauf hingeordnet, im tiefsten Kern seines Seins ein Leben liebender Gemeinschaft mit seinen Mitmenschen zu leben.

Im ersten Kapitel dieses Buches sahen wir, daß unsere westliche Zivilisation die Unabhängigkeit und

Autonomie des Individuums überbetont und die Werte der Solidarität und Gemeinschaft vernachlässigt hat. Wir sind uns alle bewußt, wie rasch unsere Gesellschaft aufgrund ihres uneingeschränkten Individualismus zerfällt. Alte Menschen, die am meisten unter der Last der Isolierung und Einsamkeit leiden, haben ein großes Verlangen, die Atomisierung der Gesellschaft zu überwinden und einen neuen Sinn für die Gemeinschaft zu entwickeln.

Die Dringlichkeit dieses Problems ist von Sozialwissenschaftlern und Theologen in gleicher Weise betont worden. Der Soziologe Philip Slater z. B. hat in *The Pursuit of Loneliness* die sozialen und psychologischen Kräfte analysiert, die die amerikanische Gesellschaft auseinanderreißen. Nach Slater werden die drei menschlichen Sehnsüchte – die Sehnsucht nach Gemeinschaft, Engagement und Abhängigkeit – von der amerikanischen Kultur nur frustriert. Ein extremer Individualismus ist die Wurzel zahlreicher Probleme im heutigen Amerika. Da „der vorherrschende Individualismus keine lebensfähige Grundlage für irgendeine Gesellschaft im Atomzeitalter bildet, müssen wir diesen uneingeschränkten Individualismus überwinden und einen neuen Sinn für die Gemeinschaft entwickeln. Wenn es uns nicht gelingt, unsere Gesellschaft radikal neu zu strukturieren, ist Amerika, und ein gleiches gilt für Europa, dem Untergang geweiht."

Das Bemühen, die isolierten und einsamen alten Menschen zusammenzubringen und sie wieder in die Gemeinschaft einzugliedern, sollte heute ein sittlicher Imperativ unserer Gesellschaft sein. Wir müssen Wege finden, unseren gegenwärtigen Individualismus abzuwerfen und neue Gemeinschaften aufzubauen, wenn wir den alten Menschen eine menschliche und christliche Lebensmöglichkeit schaffen wollen.

Ein Verständnis des Menschen im Lichte der Trinität bietet eine wichtige Antwort auf die gegenwärtige Suche nach Gemeinschaft. Diese trinitarische Anthropologie betont mit Radikalität, daß der Mensch ein Gemeinschaftswesen ist. Die Trinität zeigt uns, daß die Gemeinschaft zum eigentlichen Wesen Gottes gehört. Gott ist keine einsame Person; vielmehr ist im eigentlichen Sein Gottes eine Gemeinschaft. Diese höchste göttliche Gemeinschaft ist das erhabenste Modell aller Gemeinschaftsformen. In der Trinität existiert jede Person nur in ihrer Beziehung zu den anderen und nur, indem sie für die anderen existiert. In dem Prozeß des unendlichen Gebens und Empfangens der Liebe, ist jede von ihnen ganz sie selbst.

Da sie nach dem Bilde dieses trinitarischen Gottes als Gemeinschaft geschaffen ist, ist auch die menschliche Person wesentlich ein Sein in Gemeinschaft. Der Mensch ist nicht zuerst ein Individuum und dann in zweiter Linie auch ein soziales Wesen. Vielmehr ist er seiner eigentlichen Natur nach auf das „Du" anderer Personen ausgerichtet, und er kann nur ganz er selbst und ganz menschlich werden durch den dynamischen Prozeß, der in einer menschlichen Gemeinschaft wechselseitigen Gebens und Empfangens der Liebe die Liebe lebt – wenn auch bruchstückhaft –, die zwischen den drei Personen in der Trinität existiert. Alles, was den

Menschen daran hindert, ganz für andere Personen da zu sein, hindert ihn zugleich, ganz er selbst zu sein.

Ältere Menschen haben Muße zur Meditation und zum Gebet. Der meditative Zugang zum dreieinigen Gott kann zu einer reichmachenden Erfahrung werden. Im Prozeß der meditativen Teilhabe am inneren trinitaren Leben und Lieben offenbart die Trinität sich selbst dem Menschen als Vater, Sohn und Heiliger Geist und bietet ihm Einblick in die unendlichen Reichtümer und Schönheiten der dreipersönlichen Gemeinschaft der Liebe. Indem der Mensch sich in die fließenden Ströme der machtvollen Lebensbewegung zwischen den drei göttlichen Personen hineinziehen und eintauchen läßt, kann für ihn die Berührung mit dem unendlichen Leben zu einer radikalen Erneuerung führen.

Eine meditative Teilhabe am Leben der Trinität hier auf Erden wird uns immer mehr bewußt werden lassen, daß der auferstandene Christus in uns gegenwärtig ist und bereits jetzt unserem alternden Leib das neue göttliche Leben und Lieben einflößt, das nie altert und abnimmt. Solche kontemplative Teilhabe an der Trinität wird ein immer wachsendes Sehnen nach restloser Bindung an diese Liebesbeziehung entstehen lassen. Es wird ein neues, eschatologisches Verlangen unter den Christen wecken, das in der frühen Kirche einen so lebendigen Ausdruck fand: „Wir seufzen und sehnen uns danach, mit dem himmlischen Haus überkleidet zu werden" (2 Kor 5, 2).

In dem Maße, wie wir in die Innerlichkeit von Gottes eigenem trinitaren Lieben und Leben hineingezogen werden, wird unser Verlangen nach einer vollkommenen Vereinigung wachsen. Vergleichbar ist dieser seelische Prozeß mit der Erfahrung junger Liebender, die zunächst im zarten Gefühl zueinander hingezogen werden, dann aber nach einer Vollendung in ehelicher Liebe verlangen. Wenn der mächtige fließende Strom des ewigen trinitaren Lebens den Menschen berührt hat, wird in ihm ein nicht mehr zu sättigendes Verlangen geweckt, ganz in ihn hineingezogen zu werden und immer tiefer an dieser größten Gemeinschaft der Liebe in der Trinität teilzunehmen.

Das Alter kann zu einem beglückenden Erlebnis werden, wenn es den Menschen hinführt zu einer volleren Teilhabe an der Liebe des dreifaltigen Gottes. In der Trinität finden wir das vollkommene Urbild dessen, was alle echte Liebe zwischen Personen in unermüdlicher Anstrengung zu erreichen sucht: mit dem anderen eins zu sein und doch in dieser Gemeinschaft nicht die eigene Identität zu verlieren, sondern sie zu entdecken. Die Trinität zeigt uns, daß dieses schöne Paradox möglich ist: Je mehr du dich dem Geliebten hingibst, um so mehr wirst du die Person, die du wirklich bist. Der alternde Mensch kann eine neue unerträumte Tiefe der Ich-Du-Begegnung erreichen, wenn er sich in den dynamischen Strom des Lebens und Liebens hineinnehmen läßt, der zwischen den drei Personen der Trinität fließt. Diese Teilhabe an der trinitaren Liebe kann im Menschen eine unendliche neue Energie der Liebe freisetzen, die bis dahin vielleicht verborgen war und nur darauf wartete, aufgeweckt und entfacht zu werden.

Abgesehen davon, daß die Teilhabe an der Liebe der Trinität eine tiefe Antwort auf das Problem der Einsamkeit im Alter ist, leitet sie auch einen dialektischen Prozeß gleichzeitigen Wachsens der Beziehung zu Gott und zu den Mitmenschen ein. Denn je tiefer ein Mensch in den erhabenen Dialog mit dem liebenden Gott und in die Teilhabe des Liebesaustausches unter den drei göttlichen Personen eintritt, um so fähiger wird er, sich selbst in Dienst und Liebe dem anderen zu schenken.
Unser Sein im Himmel wird für alle Ewigkeit in einer tiefen Teilhabe an der zwischenpersonalen Liebe von Vater, Sohn und Heiligem Geist bestehen. Diese Teilhabe ihrerseits macht uns bereit zu einer tieferen Begegnung mit unseren Mitmenschen im Himmel. Der Versuch, tiefer in diesen vollkommenen Liebesdialog der Trinität einzutreten, würde für den alternden Menschen eine ideale Einübung und Vorwegnahme seiner ewigen Zukunft sein.

Verlusterlebnisse und Trauerarbeit

Zu den schmerzlichsten Erfahrungen im Alter gehören die zahlreichen Verlusterlebnisse. Immer häufiger erfahren alte Menschen den Tod von Klassenkameraden, Kollegen, Freunden und Verwandten. Für Verheiratete kann der Verlust des Ehepartners zu einer verhängnisvollen Lebenskrise führen. Viele Menschen leben auch Jahre nach dem Tod eines Lebensgefährten in Bitterkeit oder mit unüberwindbaren Schuldgefühlen. Sie können nicht vergeben und nicht vergessen, leben in Einsam-

keit, Apathie und Depression. Man kann nicht sagen, daß „die Zeit alle Wunden heilt". Verlusterlebnisse und Trauer aber sind Herausforderungen, an denen der Mensch zerbrechen oder wachsen kann.
Sigmund Freud prägte den Begriff der „Trauerarbeit". Trauer ist die Reaktion auf den bleibenden Verlust eines Menschen, Trauerarbeit die Bewältigung der daraus entstandenen Krise und die Bemühung, das Leben ohne diesen Menschen neu zu gestalten.
Im Jahre 1982 habe ich in Tokio eine Bewegung von Selbsthilfegruppen für Hinterbliebene gegründet. Seitdem treffen sich an jedem zweiten Montag des Monats über hundert Trauernde in kleinen Gruppen in der Sophia-Universität. Sie sprechen über ihre Verlusterlebnisse, hören einander zu, ermutigen sich untereinander und leisten Hilfestellung in der Trauerarbeit. Da Tod und Trauer Tabuthemen in Japan sind und Trauernde sonst nur selten über ihre Verlusterlebnisse sprechen können, schätzen sie die Möglichkeit einer Begegnung mit Menschen, die ein ähnliches Schicksal erlebt haben. Hinzu kommt, daß die japanische Erziehung und Kultur die stetige Beherrschung der Gefühle betont. In der Trauerarbeit aber ist es wichtig, Gefühle zum Ausdruck zu bringen und mit anderen zu teilen. Die Idee der Selbsthilfe hat sich inzwischen in Japan verbreitet; in vielen Städten treffen sich ähnliche Gruppen.
Wenn wir von Trauer sprechen, meinen wir gewöhnlich die Krisenbewältigung nach dem Verlust eines Menschen. Häufig wissen die Beteiligten je-

doch schon Wochen und Monate vorher vom unvermeidlich bevorstehenden Tod.
In diesem Falle spricht man von antizipatorischer Trauer: Sie beginnt, wenn der einzelne vom baldigen Verlust eines nahestehenden Menschen erfährt. Die Haupttrauerarbeit wird häufig schon vor dem eigentlichen Sterben geleistet.
Basierend auf Gesprächen mit Hinterbliebenen, der Trauerberatung in Tokio und im Vergleich mit der internationalen Literatur habe ich ein zwölfstufiges Modell des Trauerprozesses entwickelt. Nicht alle Trauernden durchschreiten alle zwölf Stufen und auch nicht unbedingt in dieser Reihenfolge. Doch in meiner langjährigen begleitenden Arbeit konnte ich feststellen, daß viele Menschen auf dem Weg über diese Stufen ihre Trauer bewältigen und dadurch wachsen und reifen.

Zwölf Stufen der Trauer

Schockphase: Den Tod eines nahestehenden Menschen erleben die meisten wie einen Schock. Es übersteigt die Kräfte der Seele und des Verstandes, zu begreifen, daß sich das Leben von einem Augenblick auf den anderen so fundamental verändert hat. Der trauernde Mensch lebt wie betäubt.

Verleugnung: Unangenehmes will der Mensch häufig nicht wahrhaben. So geschieht es auch beim Verlust eines geliebten Menschen. Wenn sich die erste Verkrampfung löst, versucht der Trauernde der grausamen Wahrheit zu entfliehen, indem er sich immer wieder sagt: „Es ist einfach nicht wahr." Im Extremfall weigert er sich, an der Beerdigung teilzunehmen.

Panikstimmung: Wenn sich die Realität des Todes in unleugbarer Härte aufdrängt, verfällt der Trauernde in Panik. Er ist davon überzeugt, nicht mehr weiterleben zu können, fühlt sich hoffnungslos dem Schicksal ausgeliefert. Auch im Gebet kann er keinen Trost finden.

Bitterkeit, Zorn und das Gefühl der Ungerechtigkeit: Der Trauernde sucht Menschen, die er für den Tod des ihm Nahestehenden verantwortlich machen kann, den Fahrer des in den Unfall verwickelten Wagens, den Arzt, der die Operation ausführte. Der Zorn richtet sich häufig auch gegen Gott, der so etwas zulassen konnte. Richtet der Trauernde den Zorn gegen sich selbst, entstehen oft gefährliche selbstzerstörerische Tendenzen.
Der Trauernde neigt dazu, das vermeintlich ungerechte Elend der eigenen Situation mit dem vermeintlich unverdienten Glück anderer zu vergleichen. Die Frage „Warum gerade ich?" wird sich fast jeder Trauernde sehr häufig stellen.

Feindseligkeit und Ressentiment: Das Gefühl der Feindseligkeit kann sich so intensivieren, daß der Trauernde jedes Realitätsbewußtsein verliert und die ganze Welt anklagt. Verwandte, Freunde und die eigenen Kinder werden für die Zerstörung von Harmonie und Glück verantwortlich gemacht.
Ist der Verstorbene, z. B. durch Alkohol am Steuer,

selbst für seinen Tod verantwortlich oder hat er sich das Leben genommen, taucht immer wieder die Frage nach dem Warum auf. Ein Trauernder, der sich nach dem Partner sehnt und gleichzeitig feindselige Gefühle gegen ihn hegt, ist infolge dieser komplexen inneren Seelenlage gesundheitlich besonders gefährdet.

Schuldgefühle: Hinterbliebene fühlen sich oft schuldig am Tod eines nahestehenden Menschen und machen sich schwere Selbstvorwürfe, auch wenn sie objektiv keinerlei Schuld an dessen Tod haben. Diesen Trauernden kann durch intensive Beratung und Betreuung geholfen werden.
Wenn wirklich Schuld vorliegt, kann die Botschaft Jesu von der verzeihenden Liebe Gottes eine große Hilfe im Trauerprozeß sein. Durch das Vertrautwerden mit biblischen Texten, in denen von Verzeihung die Rede ist, kann dem Trauernden geholfen werden, sich von der ihn niederdrückenden Schuld zu befreien.
Fast selbstverständlich tritt auch beim Trauernden der Gedanke auf, daß er dem Verstorbenen viel mehr Liebe hätte schenken können und müssen. Versäumte Stunden der Gemeinsamkeit und des Glücks tauchen vor dem geistigen Auge auf und führen zu depressiven Schuldgefühlen. Im Verlauf der Trauerarbeit kann die Erfahrung der eigenen menschlichen Begrenztheit in Demut angenommen werden und vor Selbstüberhebung bewahren.

Phantasie und Halluzination: Hinterbliebene stellen sich häufig vor, daß sich zu der Zeit, wo der Verstorbene nach Hause zu kommen pflegte, die Tür plötzlich öffnet und er hereintritt; viele Frauen kochen noch Monate nach dem Tod ihres Mannes jeden Abend für ihn das Abendessen.
Der Trauernde kann sich innerlich nicht von seinem verstorbenen Partner trennen und tut so, als ob er noch lebt. Aus diesem Grund wird auch das Zimmer des Verstorbenen nicht verändert; es wird zum Sakralraum, jedes Erinnerungsstück zur Reliquie. Je länger dieser Zustand andauert, desto schwieriger wird für den Trauernden eine Rückkehr in die Wirklichkeit sein. Aus diesem Grund sollte nach einer angemessenen Frist das Lebensumfeld den neuen Verhältnissen angepaßt werden.

Isolierung, Einsamkeit und Depression: Die ersten Tage und Wochen nach dem Tode eines nahestehenden Menschen sind ausgefüllt mit organisatorischen Fragen. Diese Betäubung durch Aktivität löst sich häufig erst nach Monaten. Der Trauernde wird konfrontiert mit Einsamkeit und Depression. Er fühlt sich plötzlich fehl am Platz, wenn auf einer Feier alle anderen zu zweit erscheinen. Oft wartet er auch vergebens auf eine Einladung und verbringt die meiste Zeit allein zu Haus.
Diese Zeit erleben viele Trauernde wie eine Wanderung durch die Wüste. Aber wie wir aus den biblischen Berichten wissen, begegnet der Mensch in der Wüste nicht nur der Einsamkeit; dieser Weg kann auch zu einer neuen Gottesbegegnung führen. Viele Trauernde erfahren in der Einsamkeit ei-

ne bisher nicht gespürte Nähe Gottes. Meditation und Gebet können helfen, das Gefühl des Alleinseins zu überwinden. Für viele wird dann die Bitte der Emmausjünger zum Herzensgebet: „Bleib doch bei uns; denn es wird bald Abend" (Lk 24,29).

Apathie und emotionale Leere: Nach dem Tod eines nahestehenden Menschen leiden viele Trauernde an emotionaler Leere und Apathie. Ich habe Väter erlebt, die nach dem Tod ihres einzigen Kindes monatelang nicht zur Arbeit gingen und ältere Männer, die nach dem Tod der Ehefrau in vollkommene Teilnahmslosigkeit versanken. In dieser Zeit ist der Trauernde nicht in der Lage, Hilfen anzunehmen oder sich etwa in einem Gespräch für Trost zu öffnen. Bei dem Versuch, durch Alkohol oder Medikamente diesem Zustand zu entfliehen, geraten viele Trauernde immer tiefer in einen Teufelskreis hinein, dem sie dann bald nicht mehr entrinnen können. Es ist notwendig, diese schlimme Zeit der trostlosen Leere auszuhalten bis zu dem Zeitpunkt, wo der Trauernde die Kraft findet, aus dem Gefängnis der inneren Erstarrung auszubrechen, die Verbindung mit der Außenwelt und den Menschen aufzunehmen und in neuen – vielleicht liebenden – Begegnungen wieder ein lebensfroher Mensch zu werden.

Annahme: Wer die Trauerarbeit in richtiger Weise leistet, wird eines Tages die harte Wirklichkeit akzeptieren, daß ein nahestehender Mensch nicht mehr da ist.
Das Loslassen-Können gehört zu den schwierig-

sten Aufgaben im Leben. In Japan versuche ich seit Jahren in Seminaren, Menschen in den mittleren Jahren ein Problembewußtsein für die auf sie zukommende Trauerarbeit zu vermitteln. Da der Tod ein Tabu ist, verdrängen viele den Gedanken an einen künftigen Verlust.

Wir sollten das Loslassen-Können auf den verschiedenen Lebensstufen einüben, wenn wir Abschied nehmen müssen von Gewohntem und etwas Neues beginnt. Ja, wir sollten es lernen, abschiedlich zu leben. Eine Raupe, die sich an ihre Gestalt klammert, kann nicht die Wandlung in einen Schmetterling erfahren. Auch der Mensch kann nur durch Loslassen ein neues Selbst entdecken.

Beim Tod eines nahestehenden Menschen werden immer auch bestimmte Kontakte mitbegraben. Der Verlust des Verstorbenen schließt auch den Verlust von Bezugsgruppen ein; Beziehungsveränderungen im persönlichen Bereich sind unvermeidlich. Der Hinterbliebene sollte sein Augenmerk jedoch nicht so sehr auf verlorene Kontakte richten, sondern sich aktiv bemühen, alte Freundschaften weiterzupflegen und aufzufrischen, Gesprächspartner zu suchen und einen neuen Freundeskreis aufzubauen. In den Selbsthilfegruppen Hinterbliebener in Tokio konnte ich immer wieder beobachten, wie gerade Menschen, die ein gleiches hartes Schicksal erfahren haben, zu einer vorher nicht gekannten tiefen menschlichen Begegnung und Freundschaft fähig sind.

Beim Studium der Hospizbewegung in den USA begegnete ich vielen freiwilligen Mitarbeitern, die nach dem Verlust eines geliebten Menschen Sterbenden halfen. Wer viel gelitten hat, fühlt intensiv und entdeckt in sich die Fähigkeit, leidenden Menschen zur Seite zu stehen.

Neue Hoffnung, Wiederentdecken von Lachen und Humor: Hoffnung bedeutet, über den Horizont hinausblicken und positiv in die Zukunft schauen. Nach dem Tod eines nahestehenden Menschen sehen wir eine Zeitlang in die Vergangenheit; unser Denken kreist um den Verstorbenen und das verlorene Glück. Die emotionalen Energien eines Menschen sind begrenzt. Wir können nicht voll im Jetzt und auf Zukunft hin leben, wenn unser Herz ausschließlich an der Vergangenheit hängt. Richtige Trauerarbeit hilft dem Menschen, das einseitige Zurückblicken zu überwinden und eine positive Wendung in die Zukunft zu wagen.
Auch im „Land des Lächelns" habe ich es oft erlebt, daß sich nach dem Verlust eines nahestehenden Menschen für lange Zeit der heitere Gesichtsausdruck verdunkelte, der Körperausdruck erstarrte und die Gesten verkrampft wirkten.
Bei der Trauerbegleitung kann man immer wieder feststellen, daß die Wiederkehr des Lächelns und die Wiederentdeckung von Lachen und Humor symbolisch anzeigen, daß trauernde Menschen das emotionale Klammern an die Vergangenheit überwinden und neue Hoffnung haben.

Eine neue Identität: Der Trauerweg ist dunkel und schwer; er ist wie ein Tunnel, in dem man lange Zeit keinen Lichtstrahl mehr sieht. Der Trauernde

weiß nicht, wohin dieser Weg führt. Das gewohnte Leben ist durchbrochen, nichts wird ohne den geliebten Menschen mehr wie früher sein. Wenn der Trauernde den Weg zu Ende geht, wird er ein neues Selbst entdecken, eine neue Identität entwikkeln.
Nicht allen Menschen gelingt es, den Prozeß der Trauerarbeit auszuhalten. Die Tapferkeit im Durchhalten aber wird zu einer neuen Freude führen, so wie es in der Bibel heißt:

Ich habe den Herrn beständig vor Augen.
Er steht mir zur Rechten, ich wanke nicht.
Darum freut sich mein Herz
und frohlockt meine Zunge,
und auch mein Leib
wird in sicherer Hoffnung ruhen;
denn du gibst mich nicht der Unterwelt preis,
noch läßt du deinen Frommen
die Verwesung schauen.
Du zeigst mir die Wege zum Leben,
du erfüllst mich mit Freude
vor deinem Angesicht.

Apg 2,25–28

„Ich gehe zum Vater"

Jedem alternden Menschen stellt sich die Aufgabe, mit der unausweichlichen Tatsache des eigenen nahen Todes fertig zu werden. Es ist oft erstaunlich, wie alte Frauen und Männer reagieren, wenn es um eine so grundlegende Tatsache wie

den Tod geht. Ich erinnere mich an einen siebzig Jahre alten Mann, der eine solche Furcht vor dem Tod hatte, daß er jedesmal aus dem Zimmer lief, wenn das Wort ausgesprochen wurde. Eines Tages gab ich ihm den Brief, den Mozart über den Tod im Alter von 31 Jahren schrieb. Der alte Mann erzählte mir später, daß er sich geschämt habe, als er die reife Haltung spürte, mit der Mozart, ein Mann, der nicht halb so alt war wie er, seinem nahen Tod entgegensah. Vier Jahre bevor er im Alter von 35 Jahren starb, schrieb Mozart seinem Vater: „Da der Tod (um genau zu sein) der wahre Endzweck unseres Lebens ist, habe ich es mir in den letzten Jahren angelegen sein lassen, diesen wahren, diesen besten Freund des Menschen so gut kennenzulernen, daß der Gedanke an ihn für mich nicht nur keine Schrecken enthält, sondern mir großen Trost und Frieden des Geistes bringt. Ich danke meinem Gott, daß er mir das Glück und die Gelegenheit geschenkt hat, den Tod als den Schlüssel zu unserem wahren Glück zu erkennen. Ich gehe nie zu Bett, ohne darüber nachzudenken, daß ich vielleicht, so jung wie ich bin, am nächsten Tage nicht mehr leben werde. Und doch wird niemand, der mich kennt, sagen können, ich sei im Umgang mürrisch oder traurig. Für dieses Glück danke ich jeden Tag meinem Schöpfer, und von ganzem Herzen wünsche ich dieses Glück all meinen Mitmenschen“ (geschrieben am 4. April 1787).
Viele Christen haben eine sehr enge Vorstellung vom Leben nach dem Tod. Sie denken vom Himmel ausschließlich in Begriffen wie „Ewige Ruhe“ und „Gottesschau“. Obwohl diesen beiden Vorstel-

lungen eine begrenzte Gültigkeit zukommt, haben sie doch die Tendenz, die echte Bedeutung des Ewigen Lebens zu verzerren, indem sie eine verhältnismäßig negative und passive Sicht des Himmels vermitteln. Im Lichte einer trinitarischen Spiritualität würde man den Himmel und das ewige Leben als die höchste schöpferische Möglichkeit des Menschen sehen: aktiv am höchsten Leben und Lieben der drei göttlichen Personen und an ihrer Kreativität teilhaben. Die Begriffe „Ewige Ruhe" und „Beseligende Schau" behalten ihre begrenzte Gültigkeit: wir gelangen tatsächlich „zur Ruhe", insofern es keine ermüdende Arbeit mehr geben wird; und wir werden eine bereichernde „Schau" Gottes finden, denn die Trinität ist von unerschöpflicher Schönheit. Doch sollte man nicht so sehr die negative und passive Seite betonen, sondern mehr die positive und aktive Seite, die freudige Mitfeier des ewigen Hochzeitsmahles in persönlicher Gemeinschaft mit dem Vater, dem Sohn und dem Heiligen Geist und mit der ganzen in Liebe gewandelten Gemeinschaft der Menschen. Unsere gegenwärtige Existenz auf Erden und das Ewige Leben im Himmel müssen in engem Zusammenhang gesehen werden. Die mystische Teilhabe am trinitaren Leben hier auf Erden und unsere liebende Selbsthingabe an andere Personen wird so zur Vorbereitung und Einübung des Tuns werden, das die ewige Beschäftigung des Menschen im Himmel ausmachen wird: schöpferische Teilhabe am trinitaren Selbsthingeben und Empfangen der Liebe zwischen Vater, Sohn und Heiligem Geist in der Einheit mit allen Mitmenschen.

Viele Menschen mißbilligen es, sich in Gedanken dem zukünftigen Leben im Jenseits zuzuwenden. Sie sagen, das sei nur eine Flucht vor der Verantwortlichkeit auf der Erde. In einigen Fällen kann der Gedanke an den Himmel tatsächlich eine Flucht aus einer Situation sein, in der der Mensch sich darauf konzentrieren sollte, ein Problem hier und jetzt zu lösen. Doch im Alter kann der Mensch manchmal einen Punkt erreichen, wo das irdische Leben keinerlei Aussicht und Hoffnung für hellere Tage bietet. Dann ist es gut, einige Schrifttexte zur Hand zu haben, die die Freuden und Tröstungen unseres zukünftigen Lebens im Himmel beschreiben.

Ein solcher Text ist die Rede Christi während des letzten Abendmahles: „Euer Herz lasse sich nicht verwirren. Glaubt an Gott, und glaubt an mich! Im Haus meines Vaters gibt es viele Wohnungen. Wenn es nicht so wäre, hätte ich euch dann gesagt: Ich gehe, um einen Platz für euch vorzubereiten? Wenn ich gegangen bin und einen Platz für euch vorbereitet habe, komme ich wieder und werde euch zu mir holen, damit auch ihr dort seid, wo ich bin" (Joh 14,1–3). Eine andere Beschreibung des zukünftigen Lebens im Jenseits findet sich in der Geheimen Offenbarung: „Sie werden keinen Hunger und keinen Durst mehr leiden, und weder Sonnenglut noch irgendeine sengende Hitze wird auf ihnen lasten. Denn das Lamm in der Mitte vor dem Thron wird sie weiden und zu den Quellen führen, aus denen das Wasser des Lebens strömt, und Gott wird alle Tränen von ihren Augen abwischen" (Offb 7,16–17).

Der hl. Paulus betont, daß die Schönheit und Harmonie des Himmels bei weitem alles übersteigt, was wir gesehen oder gehört haben: „Was kein Auge gesehen und kein Ohr gehört hat, was keinem Menschen in den Sinn gekommen ist: das Große, das Gott denen bereitet hat, die ihn lieben" (1 Kor 2,9). Als der hl. Johannes die Apokalypse auf der Insel Patmos schrieb, wurde er von der Freude und dem Glück des zukünftigen Lebens überwältigt: „Schreibe! Selig die Toten, die im Herrn sterben, von jetzt an; ja, spricht der Geist, sie sollen ausruhen von ihren Mühen; denn ihre Werke begleiten sie" (Offb 14,13). Und schließlich der ergreifende Gedanke des hl. Paulus: „Dann werden wir immer beim Herrn sein. Tröstet also einander mit diesen Worten!" (1 Thess 4,17 f.).

Durch die Wüste in das verheißene Land

In lebensbejahender Weise alt werden gleicht dem Zug durch die Wüste in das verheißene Land. Altern läßt den Menschen bewußt werden, wie unbeständig und vorübergehend so manche Dinge im Leben sind. Reichtum und äußerer Erfolg, Schönheit und Gesundheit: sie sind alle im Fluß und dem Untergang ausgesetzt. Doch die Erfahrung der vergänglichen Natur der Dinge ist nur eine Seite der Münze. Der alternde Mensch entwickelt auch eine neue Hellsichtigkeit für das Bleibende und Ewige. Inmitten des Niedergangs des menschlichen Lebens kann er einen vertieften Glauben an das nie endende ewige Leben in der Vereinigung mit dem

dreieinigen Gott gewinnen. Die Dimension der ewigen Zukunft offenbart sich wie ein warmes und strahlendes Licht, das die Gegenwart erhellt und allem Leben einen neuen Sinn und neue Hoffnung gibt.
Obwohl der Mensch weiß, daß er durch das Tor des Leidens und Todes hindurch muß, weiß er auch, daß dieser letzte, alles entscheidende Schritt eine Teilhabe am Leben und Tod Jesu Christi sein wird, ein Übergang zu Auferstehung und Ewigem Leben mit dem glorreich auferstandenen Christus in der Trinität. Der Mensch erkennt jetzt den Prozeß seines Alterns als ein wichtiges Stadium großherziger Selbsthingabe, des Wachsens und Ganzwerdens, das seinen Höhepunkt in der totalen Vereinigung mit dem leidenden, sterbenden und auferstehenden Christus findet.

Paul Haschek

Abend mit Gott

Gedanken, Bildmeditationen, Gebete für Menschen in der dritten Lebensphase

192 Seiten, mit Illustrationen von András Simon und Schwarzweiß-Fotos des Autors. Plastikeinband mit Schutzumschlag. ISBN 3-7666-9537-1

Dieses Buch will besonders den älteren Menschen helfen, intensiver mit Gott in Verbindung zu treten und die täglichen Freuden und Leiden mit ihm zu besprechen. Es möchte dazu beitragen, die positive Einstellung zum Leben zu bewahren oder zu finden, ein Ja zum Alter zu sagen und damit zur Bereitschaft, die Probleme dieses Lebensabschnitts zu meistern.
Die hier gesammelten Texte: Stellen aus der Heiligen Schrift, kurze Gedanken und Lebenserfahrungen großer Dichter und Denker regen zum Beten an, zum Weiterdenken; die Gebete wollen mit eigenen Erfahrungen ergänzt werden. Das Buch ist eine Brücke, um zu Gott zu finden und ihm betend und meditierend tatsächlich begegnen zu können.

Die biblischen Zeichnungen des ungarischen Künstlers András Simon und die ausgewählten Fotos des Autors laden zum Stillewerden ein – zum Horchen auf das, was Gott antwortet.

Verlag Butzon & Bercker

Paul Haschek

Unsere tägliche Freude gib uns heute

Ein Weg mit Gott.
Gedanken, Bildmeditationen, Gebete

144 Seiten, mit zahlreichen Farbbildern.
Plastik mit Schutzumschlag. ISBN 3-7666-9585-1

Dieses Gebetbuch will auf eine neue Art zum Beten anregen. Ausgehend von alltäglichen Lebenssituationen mit Bildern aus unserer vertrauten Welt wird hier ein Weg versucht, hinter allem Gott zu sehen, ihn zu preisen, seine Hilfe anzurufen, für seine Gaben zu danken und sich seiner – und des eigenen Lebens – zu freuen. Beten ist ein Zeichen, daß der Beter Gott liebt, gerne an ihn denkt, sich für ihn interessiert, bei ihm ist, mit ihm spricht. Dieses Buch will Hilfe und Anregung beim Beten geben, neue Orientierung und Kraft im Alltag vermitteln und die Geborgenheit in Gott erleben lassen. Darum ist die Freude, die in der Begegnung mit Gott liegt und die das Leben sinnvoll bleiben läßt, Hauptanliegen der hier vorgelegten Gedanken, Gebete und Meditationen.

PAUL HASCHEK, geboren 1932, Kamillianer, ist seit über dreißig Jahren Priester und hat in der Krankenhausseelsorge, in Exerzitien, Seminaren und Gebetskreisen mit vielen Menschen ganz neue Wege für ein intensives und lebensnahes Gebetsleben gesucht. Seit über 25 Jahren ist er als Redakteur der Monatszeitschrift „Feierabend" auch mit den Interessen und Problemen der Menschen in der dritten Lebensphase beschäftigt.

Verlag Butzon & Bercker